BERNARDO STAMATEAS

T0001602

A PROFUNDIDAD

LA EXPERIENCIA DE SER UNO CON DIOS

WHITAKER
HOUSE
Español

A menos que se indique lo contrario, todas las citas de la Escritura son tomadas de la *Santa Biblia, Versión Reina-Valera 1960*, RVR, © 1960 por las Sociedades Bíblicas en América Latina; © renovado 1988 por las Sociedades Bíblicas Unidas. Usadas con permiso. Todos los derechos reservados. Las citas de la Escritura marcadas (NVI) son tomadas de la *Santa Biblia, NUEVA VERSIÓN INTERNA-CIONAL*® NVI® © 1999, 2015 por Biblica, Inc.® Usado con permiso de Biblica, Inc.® Reservados todos los derechos en todo el mundo.

Las citas de la Escritura marcadas (NBLA) son tomadas de la *Santa Biblia, NUEVA BIBLIA DE LAS AMÉRICAS*, Copyright © 2005 por The Lockman Foundation. Usadas con permiso. www.NuevaBiblia.com.
Cursivas y negritas en el texto son énfasis del autor.

Editado por: Ofelia Pérez

A PROFUNDIDAD
La experiencia de ser uno con Dios

ISBN: 979-8-88769-074-2
eBook ISBN: 979-8-88769-075-9
© 2023 por Bernardo Stamateas
Impreso en los Estados Unidos de América

Whitaker House
1030 Hunt Valley Circle
New Kensington, PA 15068
www.espanolwh.com

Por favor, envíe sugerencias sobre este libro a: comentarios@whitakerhouse.com.

Ninguna parte de esta publicación podrá ser reproducida o transmitida de ninguna forma o por algún medio electrónico o mecánico; incluyendo fotocopia, grabación o por cualquier sistema de almacenamiento y recuperación sin el permiso previo por escrito de la editorial. En caso de tener alguna pregunta, por favor escríbanos a permissionseditor@whitakerhouse.com.

1 2 3 4 5 6 7 8 9 10 11 ⨆⨆ 30 29 28 27 26 25 24 23

ÍNDICE

Muchos libros han bendecido mi vida para este trabajo. Destaco todos los de Madame Guyon, Andrew Murray, Watchman Nee, Witness Lee, Ignacio de Loyola, San Juan de la Cruz, Corrie ten Boom, Tony Evans, J. Piper, y todos los que viven en aguas muy profundas.

¡BIENVENIDO!

Bernardo. —¡Qué buen tiempo que pasaremos juntos! Quiero compartirte un nuevo libro, y que juntos lleguemos a conocer *A profundidad* la voluntad de Dios.

Lector. —¡Sí! Estoy con hambre de ver al Señor como nunca lo vi en toda mi vida. Sé que Dios me llevará a lo más profundo de Él.

Bernardo. —¡Me alegro por eso! Todos estos ejercicios son para llevarnos *A profundidad*.

Cada persona es como un río que se pierde en el mar de Su presencia, cuando nuestra vida va camino a una unión perfecta con Él.

Lector. —Señor, ya no vivo yo, ¡Cristo vive en mí!

Bernardo. —Me gusta como lo expresa Madame Guyon. Ella dice que hay tres tipos de ríos:

Los *ríos lentos* que son las personas que se apoyan en sus propios pensamientos, conductas, emociones, conocimientos; al mismo tiempo que rechazan y resisten todo lo que se refiere a la comunión diaria con Dios. A ellos les cuesta "vivir a Cristo". Son personas tibias, indiferentes…

Otros son como *ríos rápidos*. Ellos han desarrollado un aumento de Cristo y sirven al Señor, están en proceso de crecimiento. Y el tercer grupo pertenece a los *ríos impetuosos* (ríos que arrasan). Son aquellas personas que, con solo leer una frase o soltar una invocación, entran en Su revelación y se despierta en ellos un anhelo de experimentar al Señor. Personas que se mueven rápidamente para fusionarse con el mar.

Lector. —¡Ese último soy yo! Te amo, Señor; ¡sorpréndeme!

Bernardo. —Así es. Para personas como tú es que preparé este encuentro. Caminaremos juntos a una velocidad impetuosa, con hambre de Él, hacia la unión con Él. Esta unión es la "unión con el Amado", donde Él (Dios) llena todo, y es todo en uno.

Lector. —¡Estoy listo; empecemos!

Bernardo. —Iremos haciendo ejercicios sencillos, pero profundos. Simples, pero gloriosos. Realizaremos, paralelamente a ellos, una parte del análisis bíblico en profundidad. El Señor me mostró que cuando Él nos da una palabra, ella es oro sin brillo. Pero llevar esa palabra a la práctica es lo que produce que ella tenga el brillo del oro.

Jesús nos cuenta en una de las parábolas que una persona encontró un tesoro escondido en la tierra, fue y compró el campo. Pero antes tuvo que desenterrar la moneda y limpiarla, quitarle el barro. Así sucede con el oro. El oro siempre es oro, pero necesita de nuestra acción para ser lustrado y lograr el brillo propio que posee. Es por ello que dos personas pueden recibir la misma palabra; sin embargo, en una brilla y en otra, no.

Por eso, ¡empecemos!

Lector. —¡Vamos! Estoy dispuesto a aplicar cada palabra que reciba. No estoy aquí para "saberlo", sino para "vivirlo".

Bernardo. —Lo sé; oremos:

Señor, acá estamos; te anhelamos, te buscamos, te amamos.

Abrimos nuestro espíritu a tu luz admirable.

En el Nombre de Jesús. Amén.

Lector. —¡Amén!

1

LA VOZ ETERNA DE DIOS ES SU SILENCIO

EJERCICIO 1

"EL SILENCIO"

Bernardo. —¡Hola! ¡Qué lindo estar nuevamente juntos! Estamos entrando en aguas profundas, en dimensiones maravillosas de la Presencia del Señor. Empecemos con el ejercicio del silencio. Consiste en decirle al Señor: "Aquí estoy", y luego permanecer en silencio frente a Él. ¿Cuánto tiempo debe durar este ejercicio? No hay tiempo. Pueden ser unos minutos, una hora, media hora. Como el Espíritu te guíe. Solamente le decimos: "Señor, aquí estoy". Y nos quedamos en silencio. Si en nuestra mente aparecen pensamientos diferentes, solo dejemos que, así como llegaron, se vayan. Los ignoramos hasta quedar en silencio absoluto. Al comienzo, este ejercicio podrá costarte, pero al hacer la experiencia descubrirás que cada vez que lo practiques será más fácil.

Luego de estar en silencio disfrutando de Él, dile: "Te adoro, Jesús", y continúas con tus tareas. ¿Hacemos el ejercicio?

No des vuelta a la página hasta haber hecho la experiencia.

Lector. —Señor, aquí estoy...

Bernardo. —¿Cómo fue la experiencia?

Lector. — Me costó un poco. Al principio me sentía intranquilo. Mis pensamientos me inundaban como si tuviese la necesidad de hablar. Lo practiqué varias veces y, luego, fui descubriendo que mi alma se apagaba y podía disfrutar el silencio del Señor.

Bernardo. —¡Gloria a Dios! Al principio uno quiere hablar; o distintos pensamientos nos vienen a la mente, o estamos esperando que algo suceda; cuando en realidad solo necesitamos unirnos a Él, en silencio. Estamos acostumbrados a que siempre debemos hablar cuando estamos con Él, o que el Señor tiene que hablarnos; pero el silencio es también una gran experiencia.

Analicemos este ejercicio *A profundidad...*

En Génesis 1 leemos reiteradas veces la palabra "dijo". Luego aparece la palabra "produjo" o "creó". Como sabemos, las palabras tienen el poder de crear. Sin embargo, aquí hay algo interesante para mostrarte:

Lector. —Te estoy siguiendo, Bernardo.

Bernardo. —Si Dios "dijo", antes de "decir" estaba en silencio. El silencio eterno. Es decir que Dios es el "Silencio eterno". Luego Él abrió Su boca y "dijo y creó" todas las cosas.

Este silencio eterno es la voz de Dios. Dios es Silencio eterno, y este Silencio comunica y habla. ¡Es Su voz! Muchas veces hablamos acerca de "declarar la Palabra", de "confesar", y eso es poderoso. Pero hay algo aún antes que todo eso: ¡Su Silencio!

Cada vez que estamos en silencio, nuestra alma se apaga y nuestro espíritu se conecta con el Silencio de Dios.

El Silencio de Dios, que es Su voz, pone en mi espíritu cosas de Él sin que mi mente lo sepa. Hay un aumento de Cristo en mí a través de esta unión profunda con el Señor.

¿Qué te parece si volvemos a hacer este ejercicio y le decimos: "¿Señor, solo estoy aquí para disfrutarte"? Repítelo varias veces y, luego de que lo hagas a lo largo de unos días, continúa con la lectura.

Bernardo. —¡Hola, ¡qué lindo seguir juntos! Esta experiencia de disfrute, de unión con Él, nos trae cosas gloriosas de Él.

Lector. —Esas cosas llegan sin que uno se haya enterado,

¿no?

Bernardo. —¡Claro! Es como cuando dos enamorados se observan y disfrutan el silencio; en ellos fluye el amor del uno hacia el otro. Así es como Él fluye a nosotros con lo que tenía para ese encuentro. Recuerdo el pasaje que dice: "Estad quietos y conoced que yo soy Dios".

Vayamos al próximo ejercicio que tiene lugar luego de hacer silencio: "Impartir a alguien lo que hemos recibido en el silencio eterno".

Te propongo que abras tu boca, y que lo que Dios puso en tu espíritu salga en palabras. Solo habla y deja que sea Él quien se exprese.

Quiero decirte algo más antes de hacer el ejercicio: este hablar o "abre tu boca que Yo la llenaré", no es un hablar improvisado ni irresponsable, sino palabras, consejos; una sabiduría que Dios encapsuló en nosotros. Ellas deben salir sin que medie la razón.

Te comparto un testimonio...

Lector. —Sí, Bernardo.

Bernardo. —En una oportunidad me encontraba en un programa de televisión hablando del tema de los duelos y, en un momento dado, me preguntaron: "¿Qué consejos le darías a la mamá que le han matado a su hijo?". Automáticamente salió de mi boca: "Que sea abrazada por el amor. El amor no disuelve el dolor, pero lo abraza y lo contiene".

Esta frase que salió automáticamente de mi boca fue colocada por el Señor en los momentos de silencio. Así, seguramente descubrirás que, en realidad, ya te ha sucedido muchas veces. Con el aumento del silencio, se produce un aumento de Él en ti. Descubrirás que habrá un aumento de conocimiento y sabiduría que nace de esta unión profunda de silencio con el Señor.

¿Qué te parece si empezamos a practicarlo?

Entonces, en estos días te propongo este ejercicio para que puedas hacerlo en distintas situaciones: "Abre tu boca y permite que el Señor se exprese". ¿Lo hacemos? No leas más, ¡a practicar! Pero no lo fuerces; solo nada *a profundidad*. Nos vemos luego...

Lector. —A lo largo de este día, con quien me encuentre, dejaré que Él se exprese, cuando el Señor lo desee y de la manera en la que Él quiera hacerlo.

Bernardo. —Amén.

Bernardo. —Cada ejercicio "viene para quedarse", es decir, para ser parte de nosotros.

Lector. —¡Qué lindo es ver cómo Él se expresa a través de nosotros sin que nos esforcemos o tratemos de "profetizarle", sino solo nadando en *A profundidad*, relajados en Él!

Bernardo. —¡Sí! Y muchas veces Él sale con palabras "comunes", sencillas, y allí mismo se manifiesta Su Presencia.

¿Vamos al nuevo ejercicio?

Lector. —¡Sí!

Bernardo. — Luego de practicar "el silencio unido a Su Silencio y disfrutar de Él", este ejercicio consiste en detenernos a escribir lo que el Señor puso en nuestro espíritu. Este escribir es como el "hablar", pero volcando en un papel lo que Él nos diga.

Lector. —Es decir, ponerme a escribir cuando sienta el impulso del Espíritu en mi corazón.

Bernardo. —¡Claro! No queremos "forzar" el escribir ni "hacer un libro". No.

Sé que has practicado el ejercicio del *silencio eterno*, por eso, te propongo ahora que tomes un lápiz y comiences a escribir lo que el Señor ponga en tu mano. Puede ser una carta, poesía, ideas...

El único objetivo específico es escribir, como cuando un enamorado escribe lo que le dicta su corazón.

Hay un versículo interesante que dice: "Mi lengua es como pluma de escribiente muy ligero" (Salmos 45:1 NBLA).

Aquí observamos que David habla, y al hablar, sus palabras salen como si estuviese escribiendo. Pero dejando por un momento a David, Madame Guyon cuenta que escribió en un día y medio su comentario del libro Cantar de los Cantares (que, por cierto, es extraordinario). Esto no es "escritura automática", ni "trance" poseído por algo, ni una experiencia mística; es sencillamente expresar aquello que nos fue impartido en el silencio eterno. Dejemos salir todo aquello que Dios puso en nuestro espíritu. De esta manera han nacido ideas, pensamientos, poesías y bellas canciones que expresan Su amor. ¿Te comparto una experiencia mía?

Lector. —¡Claro! ¡Me estás guiando a aguas profundas!

Bernardo. —Estaba en mis vacaciones mirando el sol, pero con mucha experiencia de silencio con Él, y de pronto sentí la necesidad de escribir, y comencé a fluir. Las ideas empezaron a brotar una detrás de la otra, de una manera tan rápida que me puse a grabar todo en audio. Así estuve los últimos siete días de mis vacaciones.

Lector. —¡Wow! Sí, al practicar el silencio y disfrute de Él, uno es empujado a hablar. Pero me di cuenta de que no es un hablar por hablar, ni un "Así dice el Señor...", como solían decir los profetas del Antiguo Testamento.

Bernardo. —No es improvisar ni ser descuidados, sino que es un nadar en su amor. Claro que eso no implica que esté "inspirado" infaliblemente, pues somos vasos de barro; pero descubrirás que, al escribir y hablar, brota una fuente de sabiduría que Dios puso en nuestro corazón.

¿Te animas a hacer el ejercicio? ¿A escribir lo que Él te diga a lo largo del día? Disfruta de esta experiencia. Nos encontramos luego de que lo hayas hecho.

Bernardo. —¿Cómo te fue al hacerlo? ¿Notaste algo en especial?

Lector. —¡Sí!

Bernardo. —Cuando uno habla o escribe guiado por Él, surge espontáneamente aquello que debemos hablar o escribir. Esto no nace de nuestro esfuerzo.

Lector. —¡Sí; lo noté!

Bernardo. —Esa expresión de lo que Él pone cuando lo disfrutamos son palabras sencillas, simples, que uno expresa en su hablar.

Lector. —¡Eso me sucedió!

Bernardo. —Ese hablar o escribir no es decirle al otro: "Dios me mostró esto para ti…", sino que uno recibe y envía un correo, habla, hace algo solo en un movimiento del espíritu; pero jamás anhela lucirse, ni "mostrarse", sino todo lo contrario. Se ha vuelto sencillo, simple, invisible. Habla y escribe, pero percibe en su corazón que Él se expresa y el otro es tocado por ese "hablar sencillo".

Lector. —¡Te doy gloria, Señor! Nada de mí y todo de Ti.

Bernardo. —Te comparto aquí una poesía que escribió mi papá en esos momentos del fluir. Él fue solo a primer grado por un día, a sus seis años. Luego tuvo que trabajar como pastor en las montañas de Grecia. Su "erudición" fue poca, pero su "expresión de Él" fue mucha.

HERMANO LEVANTA TUS MANOS
HERMANO LEVANTA TU VOZ
SOS DICIPULO DE CRISTO
SOS UN HIJO DE DIOS

LEVANTA TU VOZ HERMANO
VUELCA a DIOS TU CORAZON.
ADORANDO y ALABANDO
PORQUE TANTO DIOS TE AMO

REGOSIJO y ALEGRIA
LLENO ESTOY SEÑOR
DE MIS LABIOS y DE MI BOCA.
y DE MI CORAZON.

LEVANTA TU VOZ HERMANO
PIDELE A TU DIOS
MAS y MAS AVIVAMIENTO
EN EL TEMPLO PRECENCIA DE DIOS

LEVANTA TUS OJOS HERMANO
ES TIEMPO PARA VER
MULTITUDES ESTAN HAMBRIENTAS
ESTAN ESPERANDO DE COMER.

Lector. —¡Señor, te amamos!

2

EL AMOR DE DIOS ES UNA EXPERIENCIA

EJERCICIO 2

"SEÑOR, ME DEJO AMAR POR TI"

Bernardo. —Hola, hoy entramos en un nuevo ejercicio de aguas muy profundas. Su misma profundidad es solo una:

¡Su amor!

Dios "es" amor, no "tiene" amor. Dios tiene justicia, sabiduría, poder, etc. Pero la esencia de Él es el amor. Muchas veces confundimos el amor humano con el divino. El amor humano es terapéutico, sana, restaura. El amor divino trasciende. Son distintos, como veremos más adelante.

Lector. —Estoy listo para que entremos en lo profundo de Su amor.

Bernardo. —¡Oremos antes!

> *Señor, qué privilegio poder vivir Tu vivir,*
> *nadar en Tu amor.*
> *Abrimos nuestro espíritu a Tu luz. ¡Llénanos!*
> *En el Nombre de Jesús.*

Todas las explicaciones acerca de cómo es el amor de Dios son limitadas. Su amor es indescriptible, trasciende las explicaciones humanas, y es también inimitable. Posee altura, profundidad, anchura y longitud sin límites. Esto nos debe asombrar, dado que todo Su ser fluye permanentemente en ese amor. A mí muchas veces me piden: "Explícame cómo es el amor del Señor". Algunos incluso enseñan que el amor de Dios es de una manera o de otra.

Lector. —Y ya sabemos que Su amor no puede explicarse en palabras humanas.

Bernardo. —Claro, como te comentaba antes, el amor de Dios es el "Ser" de Dios. No puede expresarse en palabras. El amor de Dios no se puede explicar. Sí podemos decir que "Todo lo cree y lo espera, que no tiene envidia", etc.; pero es solo una descripción; no podemos definir lo que es el amor de Dios en sí mismo, ya que es una experiencia difícil de explicar. Me gusta mucho como lo expresa Oswald Chambers: "Si lo que llamamos amor no nos lleva más allá de nosotros mismos, entonces, no es amor".

Lector. —Entonces, este amor divino no se puede imitar.

Bernardo. —Este amor no se puede copiar. Uno puede decirle a alguien: "Ama con el amor del Señor", como si se tratase de un tema de esfuerzo. Eso es no entender la dimensión del Ser de Dios.

Lector. —El amor humano es creación de Dios también.

Bernardo. —Claro. ¿Por qué podemos amar nosotros a otras personas? ¿O por qué otras personas nos aman? ¿De dónde surge ese amor?

Los seres humanos amamos y nos amamos; amamos a nuestros hijos, a nuestros amigos, a nuestra pareja, etc. Y esa clase de amor es humano. ¿Por qué lo tenemos? ¡Porque Dios nos amó primero! Todos nosotros tenemos el amor de Dios en nosotros porque Él nos amó desde antes de la fundación del mundo. Y este amor eterno, que está en todos, "activa" el amor humano. Es decir, yo puedo amar porque fui amado. El amor humano tan lindo, que consiste en ayudar a nuestros hijos, a nuestra pareja, a nuestros padres, etc., fue y es activado por un amor anterior: el amor de Dios.

Lector. —Su Amor (con mayúscula) activa nuestro amor (con minúscula).

Bernardo. —El amor humano hace dos cosas. Por un lado, nos llena y, por el otro lado, deja algo vacío. El amor humano abraza, acompaña, da; pero, a la vez que llena, algo falta. Las personas suelen decir: "Me falta algo".

Lector. —¿Por qué el amor llena en un aspecto, pero en otro sentimos que aún falta algo?

Bernardo. —¿Por qué no nos llena del todo? El amor humano nos llena, pero, al mismo tiempo, sentimos que nos falta algo. Esa falta hace que sigamos buscando y, en esa búsqueda, nos damos cuenta de que no es el amor humano lo que nos llena por completo. Allí entonces descubrimos el amor de Dios.

El amor de DIOS no es como el amor humano. El amor humano se mueve en grados: "Me quiere mucho, poco, nada". Hay personas que me han amado, pero ahora no me aman; hay otros que no me amaron antes, pero ahora sí. Este amor se mueve o va en grados.

Pero el amor de DIOS no se mueve porque Su amor vive "en" mí. Cristo vive en mí; entonces, donde yo voy, va el amor de DIOS. Su amor no varía, siempre está activo dentro de mí. ¡Gloria al nombre del Señor!

Veamos entonces el ejercicio, y luego seguimos conversando.

Lector. —Sí, vamos a la experiencia.

Bernardo. —Consiste en decirle esta invocación de corazón:

> *Señor, mi amor es débil, pobre, cambiante; pero Tu amor es poderoso, grande y extraordinario. ¡Señor, me dejo amar por Ti!*

Luego quédate un tiempo en silencio, permitiendo que el océano de Su amor te llene. Disfruta este encuentro. ¡Adelante!

No pases a la próxima hoja sin hacer la experiencia.

Bernardo. —Y, ¿cómo fue la experiencia?

Lector. —Lo disfruté; me dejé amar por Él y, en quietud, experimenté Su paz. ¡Tengo muchas preguntas! Comienzo con la primera: ¿Cuál es la diferencia entre el amor en el Antiguo Testamento y el amor en el Nuevo Testamento?

Bernardo. —Jesús dijo que la ley era "amar a Dios y al prójimo" con toda la mente, con todas las fuerzas, etc. Este amor era el amor humano, el amor del esfuerzo, el amor completo derramado hacia Dios y al prójimo.

Sin embargo, Jesús, ahora, en este nuevo pacto, hace un cambio extraordinario. Él nos dice en Juan 15: "Ámense como Yo los he amado". Nuestro amor hacia Dios, y hacia el prójimo, ya no es humano, sino que es el amor de Dios que primero me llena a mí, me inunda. Y desde ese amor, yo lo amo a Él y amo al prójimo.

Lector. —¡Wow! De mi amor cambiante a llenarme de Su amor perfecto para poder amarlo a Él y amar al prójimo.

Bernardo. —En el amor humano hay dos personas: el "yo" y el "tú". Yo te amo a ti, y tú a mí; me doy cuenta del amor mío hacia el otro y del amor del otro hacia mí. Sin embargo, en el amor de Dios, solo está Él con su amor. Solo hay un "Tú": Dios mismo.

Él es el objeto de mi amor. Solo lo pienso, lo veo, y disfruto de Él. Este amor es imposible de imitar a nivel humano. Te diría que más que difícil de imitar… ¡es imposible! La frase "Como yo os he amado" nos habla de que es Su amor y de que es por medio, y a través de Él, que entramos en esta dimensión.

1 Juan 4:20 nos enseña que, si no amamos a nuestro hermano que vemos, ¿cómo podemos amar a Dios a quien no vemos? Allí encontramos un principio hermoso: "El amor de Dios es invisible-visible". ¿Qué quiero decir con esto? Que nace en Él, en mi relación invisible con Él, cuando yo me lleno de Él.

El amor siempre nace en Dios y es expresado en el otro. Yo no puedo amar a mi prójimo si primero no amo a Dios. Es el amor de Él el que primero debe llenarme a mí.

¿Qué significa esto? Que yo amo a Dios a pesar de no verlo. El amor de Dios es invisible. Pero yo me dejo amar por Él; y ese amor invisible, que me llena, siempre sale de mí. ¿A dónde? A lo visible, a quien es lo visible, al otro. Yo no puedo decir que amo a mi prójimo y que no amo a Dios, dado que primero necesito el amor de Él; pero tampoco puedo decir que amo a Dios y que no amo a mi prójimo, porque el amor de Él siempre me empujará a salir de mí para que pueda amar al prójimo.

Sobre el amor divino, dice 1 Juan 4:20-21: "Si alguno dice: 'Yo amo a Dios', y aborrece a su hermano, es mentiroso. Pues el que no ama a su hermano a quien ha visto, ¿cómo puede amar a Dios a quien no ha visto?".

Esto significa que el amor de DIOS nace en DIOS; yo me dejo amar por DIOS, me lleno de Su amor invisible, hago la experiencia de Su amor. Y ese amor siempre me va a empujar. ¿A qué? A salir. ¿A dónde? A amar al prójimo.

Lector. —Un amor perfecto que me llena, y sale a una persona imperfecta.

Bernardo. —¡Sí! Cuando yo suelto el amor de Dios, ese amor llega o se encuentra con el otro. Al ser el otro limitado, ese amor falla, engaña, lastima. Entonces yo, que recibo un amor ilimitado, un amor perfecto, un amor que no se mueve, que no cambia, ahora se lo expreso a alguien. Supongamos que quien recibe mi amor termina hablando mal de mí, ¡y cuántas veces eso nos sucede! Esa limitación del otro es un recordatorio, una alarma de Dios de que debo volver a Él. Debo ir a Él para volver a llenarme de Su amor que no falla, que permanece, que es eterno, que está en todo momento como siempre estuvo. Vuelvo nuevamente al Señor para llenarme de Él y poder expresar otra vez el amor ilimitado.

El ciclo sería así: lo invisible viene a mi vida y yo lo expreso en lo visible: en el prójimo; pero no me quedo en la limitación, la acepto y vuelvo al Señor nuevamente para disfrutar de Su amor. Es decir, que el amor de Dios me hace trascender la limitación del otro. La limitación del otro no me limita porque yo me muevo en lo ilimitado del amor de Dios.

Observemos un ejemplo práctico: el perdón. Cada vez que perdono, voy más allá del límite del otro. Cuando soy agradecido, voy más allá del límite del otro. Cuando amo con el amor de Dios, supero la limitación del otro, ya que esa persona, en su amor humano, es imperfecta y esa imperfección muchas veces me lastima. Pero al soltar yo el amor de Dios, que es perfecto, ese amor perfecto va más allá del amor humano imperfecto. Siempre hay un exceso divino: el del amor de Él. Descubrimos que el perdón no es "Te perdono y ya está", sino "Te ayudo a seguir adelante".

Lector. —Bernardo, esto quiere decir que, al movernos en la unión de Su amor, lo ilimitado fluye en nosotros y podemos decir: "Todo lo puedo en Cristo que me fortalece". Por eso, podemos amar a nuestros enemigos e ir más allá de las limitaciones del otro.

Bernardo. —¡Correcto! Entramos a funcionar en lo sobrenatural, que es la unión de Él y el vivir a Cristo en nosotros. Este amor divino es expresado a través de nuestra conducta visible. Dice 1 Corintios 13: "El amor no tiene envidia, no guarda rencor, es paciente, lo soporta todo, es amable, etc.".

Así es como vivió Cristo. Es el amor de Dios expresado en la conducta humana, pero no es el amor humano. Aquí va algo en lo que quiero que medites un poco más:

Si Dios es amor, cuando hablo con amor, Dios habla. Cuando río con amor, Dios ríe. Cuando me muevo con amor, Dios se mueve. Porque incorporé a Dios, al amor, en escena. Si hablo sin amor, hablo yo. Si río sin amor, río yo. Si me muevo sin amor, me muevo yo. Es decir que cuando me dejo amar por Dios, Él me llena, y entonces ahora todo lo que yo pienso, digo y actúo sale con la presencia divina. Es por ello que el apóstol Pablo dijo que hoy "tenemos la fe, la esperanza y el amor, pero el amor es el mayor de ellos". El amor es la fuerza mayor que mueve la fe, la esperanza y mi hablar, mis palabras.

Lector. —Saber que Él sale de mí y Su amor toca al otro es glorioso. ¡Gracias, Señor!

Bernardo. —Vayamos a un ejemplo. Supón que te hablo de mi esposa, pero lo hago con todo el amor que tengo de mí hacia ella. Mis palabras salen con ese amor, y ese amor despierta curiosidad, asombro, algo en ti. Probablemente tengas el deseo de conocerla. Ahora, si yo te hablo de Jesús con todo el amor, ese amor que sale con mis palabras te toca y activa en ti el deseo de conocerle.

Me gusta repasar algunas ideas, y no quiero perderme nada. Soy un río impetuoso. Parecemos gente "normal", pero quien sale de nosotros… ¡es el Dios poderoso!

Dice Madame Guyon: *"Dios te esconde de la mirada curiosa de un mundo que no sabe apreciar"*.

¡Veamos el nuevo ejercicio! Te propongo que nuevamente le digas:

Señor, me dejo amar por Ti, lléname…

Luego llama a quien Dios te muestre y expresa ese amor con esa persona como Dios te diga, ya sea ayudándolo, hablándole, etc.

¡No pases a la próxima hoja sin hacerlo!

Bernardo. —¿Cómo fue el ejercicio? ¡Cuéntame!

Lector. —Hice la experiencia y luego vino a mi espíritu el nombre de un amigo. Lo llamé y le dije cuánto lo quería y le agradecí. Algo salió de mí: Su amor. Mi amigo me agradeció, sorprendido, y quedó impactado.

Bernardo. —¡Es Su amor! ¡Sigamos nadando más profundo!

Lector. —¡Esto me gusta cada vez más!

Bernardo. —Dice 2 Corintios 5:14: "Porque el amor de Cristo nos constriñe".

Observemos que Pablo no está hablando acerca del amor humano, sino el de Él. El amor humano se agota. Yo te digo "Te amo", y puede ser que mañana ya no te ame tanto. En cambio, el amor de Dios siempre "es más". Siempre hay un excedente, algo más que puedo experimentar en mis luchas, pruebas, etc.

Entonces podríamos decir que amar es darle al otro todo lo que Dios es. Por eso decimos que el amor siempre vence, nunca pierde, porque es ese desborde infinito de lo que Él es, que me desborda también a mí y me llena para vaciarme en el otro.

Lector. —¿Qué pasa cuando suceden cosas inexplicables? La gente dice: "¿Y Dios no es amor? ¿Dónde está su amor cuando me enfermo, cuando alguien querido muere, etc.?".

Bernardo. —Allí entramos en *El misterio del amor*. Analicemos algo poderoso.

Dijimos que Dios es amor y es todo luz. Pero nosotros, los humanos, vemos a Dios en dos dimensiones: "luz y noche". Expliquemos bien esto…

Dios es luz, lo cual simboliza lo que conocemos y entendemos de Él; la revelación que Él nos ha permitido recibir de sí mismo. Pero hay cosas de Él que no entendemos. A manera de metáfora, a eso lo llamaremos "noche". Esta noche es lo que nosotros no podemos comprender de Él, lo que escapa de nosotros por nuestra limitación, lo incomprensible, lo incognoscible.

Así diríamos que la esencia de Dios es tanto la luz como la noche.

Lector. —En resumen, la luz es lo que conozco de Él; mientras que la oscuridad es lo que escapa de mí, lo que no puedo acceder, lo que no entiendo, por mis propias limitaciones.

Bernardo. —¡Correcto! Si yo pudiese comprender todo lo que Dios es, no sería un ser creado, con límites. Todos nosotros vamos conociendo al Señor y la luz va aumentando; sin embargo, siempre vamos a enfrentarnos con esa parte de "noche" que es lo incognoscible, lo incomprensible. Es ahí donde debemos declarar: "Señor, en Ti confío".

Lector. —¡Cuántas cosas suceden y no comprendemos el obrar de Dios! Entonces, ¿qué podemos hacer cuando a todos nos llega el famoso: *"¿Por qué Dios permite...?"*.

Bernardo. —¿Qué hacer? Sigamos con la metáfora... ¿qué hacemos de día? Actuamos, trabajamos, nos movemos, accionamos. Pero, ¿qué hacemos de noche? Descansar, dormir, estar quietos, reposar. Cuando toco lo incomprensible de Dios, no debo tomar decisiones, ni moverme; sencillamente, como en la noche, debo quedarme quieto, descansar y estar con Él. Eso lo llamamos el "reposo del amor".

Si estoy manejando y hay niebla, no voy a acelerar, voy a esperar, frenar, descansar. Este es el "Hágase tu voluntad" donde me abandono a Él.

Lector. —Señor, ¡descanso en Tu presencia!

Bernardo. —Por eso, decirle a una persona que perdió un hijo: "Dios es amor y tiene un plan" es hacerla caer aún más en la noche que ya no comprende. Decirle: "Dios tiene un plan y es amoroso" es hacer que se sumerja todavía más en lo incomprensible. No es el momento para decirle lo que Dios es. ¡No expliquemos nada! Sencillamente digámosle que "descanse" en lo que no entiende porque ha tocado lo incomprensible, lo misterioso, lo que no comprendemos de Dios y no alcanzamos a ver por nuestra finitud. Pero, aun así, descansamos en que Dios es amor.

Todos nosotros tocamos el misterio profundo de Su amor. Los ángeles adoran las 24 horas, porque ellos no buscan ingresar en lo que no entienden de Dios, en lo incompresible de Él. Ellos no buscan llegar donde no pueden, solo se asombran del exceso de amor.

Esa "noche" nos recuerda Su grandeza, y nadie puede abarcar toda la esencia del Creador. Dios se reserva esta parte de Él no revelada al ser humano porque, si viésemos a Dios en toda Su grandeza y santidad, nos daríamos cuenta de la profundidad de nuestro pecado. Solo un amor como el de Él puede soportar nuestro pecado. Si pudiésemos vernos como Él nos ve, sentiríamos la gravedad y la tristeza del pecado que nos ha separado de Dios. Este límite de no comprender todo lo que Dios es, nos mantiene humildes. Debemos aceptar nuestra limitación. Eso que Adán y Eva no aceptaron, por querer ser como Dios, el límite del amor.

Lector. —Este misterio de lo inexplicable de Dios es lo que no conocemos todavía de Él.

Bernardo. —Es verdad que, a mayor Palabra, hay un aumento de luz, y vamos descubriendo cosas maravillosas de Dios. Es decir, el misterio nos mantiene en asombro.

Descubrir algo nuevo de Dios que nos asombra día a día, es por lo que adoraremos en la eternidad diciendo: "Santo, Santo,

Santo", porque el misterio se nos irá descubriendo poco a poco, de manera infinita e inagotable.

Pensémoslo a nivel natural: en la pareja es el misterio lo que genera el amor. Cuando uno conoce todo del otro, cuando ya sabe la respuesta, no hay más misterio, nada nuevo por descubrir, devienen el aburrimiento y la monotonía. Entonces, podemos decir que el misterio nos mantiene en asombro permanente. El misterio nos mantiene en limitación para recordarnos nuestra finitud y Su grandeza. Todos nosotros hemos chocado, y chocaremos, con lo inexplicable e incomprensible. Y mientras vamos buscando más luz para entender la presencia del Señor, le decimos:

> *Señor, en Ti confío y descanso; sé que Tu voluntad es buena, agradable y perfecta.*

Cuando Jesús le preguntó al Padre en la cruz: "¿Por qué me has desamparado?", el Padre no le respondió. Es que, en nuestros peores momentos, no necesitamos explicaciones, sino Su presencia. Debemos hacer lo que hizo nuestro Señor que, aun cuando no recibió respuesta a esa pregunta, expresó: "En tus manos encomiendo mi espíritu".

Bernardo. —En los momentos incomprensibles, Dios no nos da respuestas para enseñarnos también que podemos seguir viviendo con preguntas, sin respuestas, confiando en Él. El misterio del amor es cuando Dios se nos revela a nosotros. Dios es todo luz; pero, para nosotros, es día y noche (la noche como metáfora de lo que nosotros no entendemos de Él). El misterio no es ausencia, sino presencia. Pero no es perceptible, no es comprensible. Entonces, reposamos en Él, seguimos buscando un aumento de luz en nosotros, sabiendo que nunca agotaremos la oscuridad, lo incomprensible de Dios.

Podemos seguir confiando en Él aun cuando no hay palabras, dado que, en los momentos de dolor incomprensibles, necesitamos Su presencia. Tocamos algo sublime. Debemos orar ahora:

> *Señor, qué bendición estar juntos. Estamos en el espíritu, nada puede frenar al Cristo que está en nosotros. El Señor es el vencedor, el Señor es el Rey. Damos gloria a tu Nombre que está sobre todo nombre. Y estamos descansando en el misterio de Tu amor. ¡En Tus manos ponemos nuestra vida! Declaramos que caminamos en victoria. Somos más que vencedores por medio de Aquel que nos amó. En el nombre de Jesús, amén.*

Lector. —¡Amén!

Bernardo. —Vamos al ejercicio. Piensa en una situación difícil en tu vida. Cuando esta aparezca, dile al Señor: "Señor, me dejo amar por ti. Me lleno de Tu amor y de Tu presencia". Y disfruta de esa experiencia.

No sigas leyendo hasta no haber hecho el ejercicio.

Bernardo. —¿Has comprendido cómo el nadar en Su amor y en Su Palabra es lo mismo? Ahora quiero enseñarte sobre: "La deuda del amor".

Cuando el hombre pecó, contrajo una deuda impagable. El pecado lo separó de la santidad de Dios. ¿Qué hay en el mundo? Deuda. ¿Qué hay en Dios? Amor.

Cuando el Hijo se hizo Hombre, el Amor inundó la Tierra y es la presencia de Él lo que saldó la deuda impagable e infinita que el ser humano tenía. Ahora, la Tierra recibió el amor de Cristo infinito y saldó la deuda.

Y no solo saldó la deuda, sino que ese amor infinito desbordó la deuda contraída por el hombre. Es decir que, ahora, en el mundo, hay un exceso de amor: el exceso infinito del amor del Hijo. Cristo saldó la deuda del pecado y trajo abundancia de amor. El Padre, al ver el desborde de amor del Hijo —porque el Hijo no solo saldó la deuda del pecado, sino que desbordó amor—, solo pudo igualar ese desborde con otro idéntico: el desborde del amor del Padre. El amor del Hijo es el mismo amor del Padre. Ahora tenemos los desbordes del amor del Padre y del Hijo.

Cristo pagó la deuda y derramó un amor sin límites; y ahora el Padre contrae una deuda que solo Él puede saldar con más amor. Cuando nosotros recibimos ese amor, entramos en deuda con Dios. Una deuda que nunca podremos saldar. Aquí podemos entender por qué el apóstol Pablo escribió: "No debáis a nadie nada, sino el amarse los unos a los otros".

Lector. —Tenemos un Dios que se regaló sin medidas. ¡Te amamos, Señor! Gracias por lo aprendido. Tu luz creció en mí. Ahora veo. Y aunque veo cosas de Él que aún no comprendo, igualmente lo sigo amando porque descanso en quien es Él: un Dios es amor. ¡Aleluya! Descanso y me abandono a Ti. Amén.

Bernardo. —¡Amén! ¡Gloria a Tu nombre, Señor!

El ser humano es un "siendo". Nosotros vamos siendo de niños a jóvenes, de jóvenes a adultos, etc. En todo hay un movimiento.

Todo es un devenir constante en el ser humano. Somos prisioneros del tiempo. Todo se mueve, todo "está siendo"; hay un movimiento continuo de crecimiento. El aire, el sol, la luna... todo se mueve.

Pero en Dios nada es devenir; en Dios todo es "permanencia". Dios es quietud; yo soy quietud. Cuando yo me dejo amar por lo que Dios es, la permanencia, lo que Dios dijo, es "Sí y Amén". Yo recibo, entonces, Su quietud y Su permanencia. Porque Él es el mismo ayer, hoy y por siempre. Lo que Él es me inunda y todos mis movimientos, mis ansiedades, se quiebran cuando entro en la Roca, en la permanencia de la presencia de Dios. ¡Gloria al nombre del Señor!

Nos enseña Juan 1:1 que "En el principio estaba La Palabra, y La Palabra era con Dios" (paráfrasis del autor). Este principio es Dios. Dios es el origen y La Palabra es Cristo. Cuando el Padre soltó La Palabra, La Palabra eterna creó todo lo creado; es decir que todo lo que creó La Palabra tiene la esencia de eternidad. Por eso, nosotros tenemos esencia de eternidad y todo lo que hacemos queremos que dure y perdure. ¿Por qué? Porque hay esencia de eternidad. El tiempo se va gastando porque va buscando la eternidad futura. En lo profundo de nosotros buscamos lo estable, lo firme, lo eterno.

Vamos ahora al ejercicio. Desde lo profundo de nuestro ser, digámosle: "Señor, me dejo amar por Ti. Tu Palabra es firme y es "Sí y Amén". Dejo ahora que Tu quietud destruya mi inquietud y recibo Tu amor firme".

Después de que hagas la experiencia, continúa leyendo.

Lector. —Bernardo, ¡qué lindo es hacer la experiencia sin esperar sentir, ni ver, ni vivir nada en particular. Cada ejercicio es una vivencia distinta, día a día, y muy difícil de explicar.

Bernardo. —¡Lo sé! Es por eso que, en este nivel de profundidad en el que estamos juntos, hay pocas palabras en la experiencia en sí. Es una experiencia sublime donde nadamos en el océano de Su amor y las palabras allí son pocas.

3

EL AMOR DE DIOS ME ENSANCHA

EJERCICIO 3

"SEÑOR, ME DEJO AMAR POR TI"

Bernardo. —¡Qué tiempo hermoso estamos viviendo en aguas profundas! Recuerdo que hace un tiempo tuve una visión. Eran aguas profundas. Lo que se veía desde arriba eran, o son, las bendiciones de Dios; y lo que estaba debajo, las profundidades, era solamente Su amor. Todas las aguas profundas son el amor de Él.

Sí, Señor, nadamos en tu amor. Muchas veces pensé que el estar en "aguas profundas" se trataba de tener dones, prosperidad, éxito, etc. Como si mirásemos el agua desde arriba, desde lo superficial. Al zambullirse, todo lo que hay es Él. Sí, ¡amor!

El amor de Dios podríamos compararlo con un gran océano. Imagina un océano eterno, sin fin, sin límites, sin poder llegar nunca a su profundidad, ni a su anchura, ni a su longitud. Ese es el amor de Dios.

Repasemos:

—¿Desde cuándo es que Dios me amó a mí? Desde siempre.

—¿Me ama más o menos? Siempre me amó con amor eterno.

—¿A cuántos ama Dios? A todos por igual. Dios nos sigue amando como siempre. ¡Gloria al nombre del Señor!

Lector. —Dios es un inmenso océano eterno de amor.

Bernardo. —Y nosotros somos "un vaso". Este vaso ahora cae en el océano. ¿Y qué le ocurre al vaso al caer? Se satura del amor del Señor. Pero quiero decirte algo importante: si a nosotros se nos revela que el amor de DIOS es lo que DIOS es, que Él es amor, que Su presencia es eterna, grande, inconmensurable, y se nos revela toda su hermosura, caminaremos en victoria.

Lector. —Señor, ¡revélanos más de Tu amor!

Bernardo. —Imagínate por un momento a una persona que va a un negocio a comprar un artefacto de luz. Realiza la compra y le pregunta al comerciante: "¿Cuánto es?". Y el señor le responde: "Son $200". Cuando el comprador se dispone a pagar y saca los $200, se le caen dos billetes de $500 al suelo. Paga, no percibe lo que le sucedió y se va a su casa. Cuando llega a la casa, coloca el artefacto sobre la mesa, revisa sus bolsillos y descubre que le faltan $1000. Está desesperado. "¡Perdí $1000!", exclama. Inmediatamente chequea que no se le hayan caído en su casa. No los encuentra. ¿Qué hace entonces? Vuelve caminando al local revisando cuadra por cuadra. Cuando llega al negocio, le pregunta al comerciante: "¿Por casualidad, no vio dos billetes de $500 que se me cayeron?". La respuesta es: "No, no vi nada". Con la tristeza de haber perdido el dinero, regresa a su casa y, al llegar, nota que su mujer lo recibe con gran felicidad. Le pregunta: "¿Qué te ocurre?", a lo que su esposa responde: "¡Ganamos la lotería, diez millones de dólares!".

¿Qué imaginas que hace el hombre: ¿salta de alegría o sigue triste por haber perdido el dinero? Ahora, con diez millones de dólares, ¡mil dólares no es nada!

Cuando nosotros tenemos distintas heridas en la vida: "Mi mamá no me quiso", "mi papá me rechazó", "en la infancia no tuve amigos", etc., todas esas cosas duelen. Pero cuando se nos revela que no hemos ganado diez millones de dólares, sino que ganamos la fuente ilimitada de todo (DIOS), y que en Él está todo (la riqueza, la honra, el poder, la gloria), todo lo demás se borra, todo lo que hemos perdido desaparece. Lo ganado llena lo perdido y lo supera de manera ilimitada.

Lector. —¡Wow!

Bernardo. —Cuando se nos revela todo esto, dejamos de sufrir. Dejamos de tener pena, de sentir lástima. No negamos lo que nos sucedió. Sí, perdimos mil pesos, pero ahora descubrimos a un DIOS que es maravilloso, eterno y que nos ama. ¡Gloria al Señor! ¡Si lo tengo a Él, lo tengo todo! Ahora Él es el Gran Océano. Es mi anhelo que se te revele esto. La Biblia declara:

"Si el Padre nos dio a Cristo, ¿cómo no nos dará con Él todas las cosas?". Nosotros tenemos una fuente eterna, un océano inconmensurable de recursos para vencer y avanzar. La Palabra relata que Gedeón estaba en medio de la guerra, pero DIOS no lo sacó de la guerra ni le dijo: "Yo estoy contigo y no pelearás", sino que le dijo: "Irás a pelear, pero YO estaré contigo".

DIOS no le dijo a Moisés: "Cuando vayas a sacar a mi pueblo de Egipto, el Faraón te abrirá la puerta". ¡No! Le dijo: "Moisés, habrá lucha, combate y pasarás momentos duros, pero YO estaré contigo". Esa frase ("YO estaré contigo") tiene que revelarse a tu vida porque es el Gran Océano. No es la lotería, ¡es más que la lotería! Es DIOS mismo a nuestro favor.

Entonces, ¿qué tengo que hacer con mi vida? Sumergir el vaso en el océano para ser lleno del amor de DIOS.

Lector. —Cada persona es un vaso para ser lleno de Su amor. Señor, ¡ahora veo Tu amor!

Bernardo. —Observemos que hay distintos tipos de vasos, distintas experiencias del amor de Dios. Algunos tienen más amor de Dios y otros, menos. ¿Ama Dios más a unos que a otros? ¡No!

Es que el vaso se ha ensanchado, y acá quiero decirte algo importante: cuando nosotros experimentamos el amor de DIOS, cuando lo disfrutamos, ¿sabes qué va a hacer DIOS? Él nos volverá a vaciar.

Lector. —Me hace recordar lo que hablamos una vez: que DIOS aparece y desaparece.

Bernardo. —¡Sí! Entonces ya conoces lo que el Señor hace: nos llena de su amor y lo experimentamos. Luego nos vacía y, cuando lo hace, ¿sabes lo que sucede con el vaso? Imagina que es un vaso de goma… este se va a expandir, se va a dilatar, se va a agrandar. Y ahora, en la próxima búsqueda de Dios, tendremos una experiencia más grande de Su amor. Vamos de gloria en gloria. Cada vez que yo me lleno más de Él y lo disfruto, Dios me vacía. ¿Qué significa esto? Que Dios se vuelve a esconder. Y cuando yo lo vuelvo a buscar, descubro y veo que mi vaso ahora se ensanchó. Mi experiencia nueva es más grande.

Lector. — ¡Te adoramos, Señor! ¡Tu plan para con nosotros es perfecto! ¡Aleluya!

Bernardo. —Cuando uno se llena del amor de DIOS, cuando tiene la experiencia de Su amor, ¿sabes qué sucede? A veces, comienza a hablar, a invocar, todo el día: "¡Gloria a Dios! Te adoro, Señor". ¿Qué pasó? El vaso se está ensanchando. Dios te está tratando y, en las próximas experiencias, notarás un aumento del agua de Él que te llena. Dios no creció, pero nuestro espíritu, sí. ¡Gloria al nombre de Jesús!

Vamos al ejercicio…

De corazón invócalo a lo largo del día y dile: "Señor, me dejo amar por Ti, me lleno de tu amor, ¡ensánchame!".

Una vez que hayas hecho la experiencia, ¡seguimos!

4

EL TRATO DE DIOS PARA TRANSFORMARME

EJERCICIO 4

"LLEVO A LA CRUZ MIS EMOCIONES"

Bernardo. —¡Qué lindo estar nuevamente juntos!

Lector. —¡Señor, te amamos! ¡Tu amor es el océano sin límites!

Bernardo. —Hoy haremos un nuevo ejercicio de aguas profundas.

Lector. —Recibo La Palabra para poder experimentarla. Te escucho...

Bernardo. —En el libro Cantar de los Cantares se narra la historia de un rey que se enamora de una mujer de un pueblo, y ahí mismo comienza la pareja a conocerse y a amarse. Este amor y esta historia es un símbolo de Cristo con cada uno de nosotros. Todo el libro transcurrirá en tres fases:

a. Cuando se conocen el rey y la mujer (haciendo un paralelo con nuestras vidas, podríamos decir que es cuando conocimos al Señor y fuimos salvos).

b. El trato que la pareja comienza a darse el uno al otro (representa la transformación que vamos teniendo a medida que Dios nos va tratando).

c. La unión de la pareja para llegar a ser uno (siguiendo el paralelismo con nuestras vidas, es cuando alcanzamos el nivel máximo de profundidad con Él).

Es decir:

Fase 1: Es mi salvación: cuando recibí a Cristo como mi Señor y Salvador.

Fase 2: Es nuestra transformación a imagen de Su Hijo.

Fase 3: Es la unión perfecta con el amor del Señor.

Cuando recibimos a Cristo como Señor y Salvador, entramos en el pacto. No importa si yo me aparto, o lo que suceda en el mundo, Dios está comprometido a tratarme. Su objetivo es transformarme a la imagen de Cristo. Podemos apartarnos de Él, pero Él no se alejará de nosotros. Él ha tomado un compromiso eterno de tratarnos a cada uno de nosotros "a medida", específica y exactamente con lo que necesitamos.

En este tiempo estamos en la fase 2: "el trato de Dios" hacia nosotros. Por eso, debemos aprender cómo Él nos va tratando.

Lector. —En esta segunda fase de transformación, ¿cómo trabaja Dios?

Bernardo. —Siguiendo el libro de Cantares, graficaremos una de las maneras en la que Dios nos trata y luego haremos el ejercicio.

A este trato lo podemos denominar: "En el monte y en el valle". Cantares 2:8 dice: "La voz de mi amado. He aquí él viene saltando sobre los montes, brincando sobre los collados".

Dios me está tratando "en el monte y en el collado". ¿Qué significa esto? El monte es cuando estamos en victoria, cuando todo nos funciona, cuando estamos contentos.

¿Qué hacemos en el monte? Alabamos, adoramos, ofrendamos, servimos, estamos felices. Pero Dios, que nos habla en el monte, ahora nos trasladará al valle. ¿Qué sucede allí? En el valle atravesamos los momentos difíciles, las crisis, las situaciones duras. Es cuando no tenemos respuestas y nos preguntamos: "¿Por qué?". En esta época de crisis mundial a nivel económico sentimos la fragilidad de que un virus pueda destruirnos... esto ocurre cuando estamos en el valle.

¿Qué sentimos cuando las cosas buenas no suceden? Aparecen el desgano, los miedos. En la cima nos dominan las emociones positivas; en el valle, las negativas.

Cuando estamos en la "cima", creemos que lo que nos mueve o motiva es la fe. Pero, ¿es la fe? ¡No! Es la alegría. Estamos entusiasmados porque estamos en victoria y confundimos "la emoción de alegría" con "Cristo creció en mí". Pero ahora Dios nos lleva al valle y aparece la tristeza, la bronca, y nos preguntamos: "¿Dónde quedó la fe que tenía antes?". Entonces descubrimos que, al estar en la cima, Cristo no creció, y fue solo una emoción. Dios quiere que aprendamos que no debemos ser gobernados por las emociones, ya sean positivas o negativas. Si estoy en la cima, declaro: "Todo lo puedo en Cristo que me fortalece"; y en el valle, también lo hacemos: "Todo lo puedo en Cristo que me fortalece".

La emoción no tendrá así el gobierno de nuestras vidas, sino a Él. En las buenas y en las malas.

Lector. —Entonces, hemos aprendido que no son las emociones las que nos mueven, sino Cristo. ¡Gloria a Tu nombre, Señor!

Bernardo. —Dijo Andrew Murray: *Nada es más natural, más hermoso y más grande que ser nada, para que Cristo sea Todo.*

Vamos al ejercicio...

Piensa en tus mejores y recientes victorias. Lleva a la cruz tu alegría y tu entusiasmo y entrégaselos al Señor para su muerte. Ahora hazlo con los momentos más duros que hayas vivido recientemente. Nómbralos junto a las emociones que te produjeron. Llévalas también a la cruz para su muerte.

Declara: *"Señor, no me mueven mis emociones, ya sean positivas o negativas; me mueve Cristo. En las buenas y en las malas te adoro, Señor. Amén".*

Cuando lo hayas hecho, volvemos a conversar. ¡Te bendigo!

Bernardo. —¿Cómo te fue?

Lector. —Entregué todas mis emociones; recordé mis cimas y mis valles y me di cuenta de que eran mis emociones que me guiaban. Las dejé en la cruz y sé que allí perdieron el poder que tenían.

Bernardo. —La cruz destruye todo gobierno humano y establece el poder de la vida de Dios.

Grafiquémoslo con un ejemplo: cuando Cristo está en el monte Tabor, allí sucede la transfiguración. El Tabor representa "la cima". Ahí mismo Pedro le dice: "Señor, esto está muy bueno. ¿Por qué no permanecemos aquí y construimos tres casas, una para Moisés, una para Elías y una para nosotros?". Pero el Señor le responde: "¡No! La cima no es para vivir; hay que bajar también al valle".

Cristo pasó del monte Tabor al monte Calvario para mostrarnos con su ejemplo la misma actitud de dependencia que Él tuvo con el Padre en ambos montes. Por eso, no importa en qué montaña estamos: si "arriba o abajo", en "salud o enfermedad", en "riqueza o pobreza", en "las buenas o las malas", todo lo podemos en Cristo que nos fortalece.

Lector. —¡Amén! ¡Señor, queremos solo Tu gobierno eterno en nosotros!

Bernardo. —Me gusta recordar lo que dijo Corrie ten Boom: *Nunca tengas miedo de confiar un futuro desconocido a un Dios conocido.*

Lector. —¡Amén! ¡Confiamos en Ti, Señor! Eres nuestro refugio de generación en generación.

5

EL TRATO DE DIOS PARA TRANSFORMARME

"LLEVO A LA CRUZ LO BUENO Y LO MALO"

Bernardo. — No debemos hacer un autoanálisis ni pensar por nosotros en qué cosas debemos llevar a la cruz; como así tampoco sufrir tratando de cambiar nuestra conducta. Es el Espíritu Santo quien nos muestra qué cosas deben ir a la cruz; no lo hacemos por nuestra propia cuenta.

Lector. —El ejercicio de llevar a la cruz ya es una constante en mi vida.

Bernardo. —¡Qué bueno! Ahora pasemos a este ejercicio que trabaja de manera "automática" mostrándonos cada vez más qué debe menguar de nosotros: llevamos a la cruz de manera natural y espontánea lo que el Espíritu Santo nos muestra, y el aumento de Cristo es cada vez mayor.

Se trata de la poda o el trato de Dios con nosotros. Y este nuevo trato está en Cantares 2:11: "Porque he aquí ha pasado el invierno, se ha mudado, la lluvia se fue…".

Este segundo trato es "el invierno": la poda. ¿Cómo está un árbol en invierno? Desnudo, sin hojas. Pareciera que está muerto, seco. Las hojas son el follaje y representan las bendiciones, los logros, los éxitos. Es decir, nuestro estado de bienestar cuando nos sentimos bien, cuando las finanzas abundan, cuando nuestros hijos están sanos, cuando avanzamos en las distintas áreas de nuestra vida. Dichas hojitas positivas son las que nos gusta "mostrar".

Pero también las hojas representan aquellos aspectos negativos de nuestra conducta: hablar mal de los demás, criticar, tener miedo, etc. Y a todas ellas, que llamaremos "invierno", Dios las poda y las quita. ¿Para qué hace eso el Señor? Para quitarnos lo que tenemos visible, las bendiciones, aquello que los demás podían ver y que, al ser despojados de todo eso, podamos vernos como un tronco sin ningún follaje. Así nos vemos: como un árbol delgado, desnudo, débil; sin embargo, la savia de Dios sigue trabajando en las raíces de ese árbol flaco, pelado, débil. ¿Para qué sirve esa poda? Para que aprendamos a poner nuestra mirada en el Señor. Todas las cosas que tenemos en nuestra manera de ser, tanto las lindas como las feas, deben morir.

Este proceso de desnudarnos consiste en ser despojados por la cruz, de "nuestras bellezas": los dones, las capacidades, los pecados. De esta manera, al quedar desnudos, podemos ver nuestra fragilidad y, al mismo tiempo, Su belleza (la de Él).

Lector. —Y luego de que somos podados, ¿qué sucede?

Bernardo. —Es ahora, en esta unión profunda, que Él nos viste de Su hermosura y presencia. Este despojo de nuestra propia belleza, de dones, talentos, etc., nos permite tener más luz para verlo y amarlo a Él y comprender que la belleza es la belleza de Él; no así el aspecto que portamos nosotros. Ahora sí estamos en condiciones de verlo y disfrutarlo a Él. Esto explica por qué en este nivel más profundo disfrutamos tanto de estar con Él. En los niveles más superficiales estamos atentos a lo que Dios nos da: dones, bendiciones (las hojas del árbol). Pero en este nivel toda nuestra atención está en Él. Estamos desposeídos de todo para disfrutar de Su presencia.

Esta es una experiencia profunda, de gran progreso espiritual, a la cual Dios nos va llevando a nuevos niveles, por tramos.

Él va quitando nuestras túnicas, nuestros mantos, y a mayor desnudez (aunque al comienzo nos genera asombro y temor), nos damos cuenta de que lo único que queda es Él. Allí volvemos a entender y recuperar que Él es nuestro vestido, que es todo para nosotros, que el mundo es frágil y débil, pero que el que permanece en Él, vence. Esta es la experiencia de la desnudez y de ser vestidos por Él.

Dijo A. Murray: "El orgullo debe morir en ti, o nada del cielo podrá vivir en ti".

Vamos al ejercicio…

Pídele al Espíritu que te muestre todas las "hojitas" que te generan orgullo. Cuando ellas aparezcan, nómbralas una por una y déjalas en la cruz. Llévalas a la cruz para su muerte. Luego, hazlo con las "hojas" del pecado de tus conductas, de aquellos aspectos negativos de tu vida, y entrégaselas al Señor, una a una en la cruz, para su muerte.

Después de que lo hagas, ¡seguimos juntos! ¡Adelante! Permite que el Señor te guíe y disfruta de Él.

Lector. —Bernardo, el Señor me mostró cosas mías muy profundas. Las entregué con alegría y las llevé a la cruz sin esfuerzo y pude percibir la unión con Él y disfrutar de Él.

Bernardo. —Estas son las aguas profundas. Dios nos muestra los vestidos más íntimos que debemos llevar. Cuando uno avanza en la comunión diaria con Dios, primero lleva todas sus debilidades, sus pecados, para finalmente, llevar también sus virtudes, sus enterezas humanas. Así descubrimos un estado de impotencia y desnudez total y, a la vez, dejamos de mirarnos y de esperar que nos miren. Descubrimos la nada misma, la nada humana. Pero allí, en ese encuentro con la nada humana, nos damos cuenta de que Él es todo. *Esta revelación de reconocer que Él es el todo y nosotros la nada, son las aguas profundas de esta experiencia.*

Lector. —Es verdad, muchas veces nos enfocamos en las bendiciones, en las "hojas", y nos llenamos de orgullo.

Bernardo. —Cuando uno aprende a confiar en el Señor y a no mostrar lo bueno, o presumir, sino a sacar lo malo llevándolo a la cruz, dice el Salmo 1 que llegamos a ser como un árbol plantado junto a corrientes de aguas, cuya hoja no va a caer. ¡Esto es extraordinario! Dios nos llenará luego de "hojas" que no caerán porque Cristo habrá crecido en nosotros. Y nos llenará de honra y de riquezas.

El pasaje de Cantares nos enseña que luego del invierno se escucha la voz de la tórtola (pajarito pequeño), una canción suavecita que anunciaba a todos que la primavera había llegado.

En una oportunidad le preguntaron a Corrie ten Boom qué hacía ella cuando la elogiaban y respondió: "Frente a cada elogio que me dan, tomo la flor, la respiro y la coloco a un costado; el próximo elogio lo vuelvo a respirar y vuelvo a colocar esa flor al lado de la otra. Y una vez que junto varias, le digo al Señor: 'Aquí están todas tus flores'".

Lector. —¡Te damos toda gloria, Señor!

Bernardo. —Oremos:

> *Hoy declaramos que el invierno se terminó y viene un*
> *follaje nuevo. El amado le dice a su novia: "La lluvia se*
> *fue y se empiezan a ver las flores y la canción se escucha".*
> *Amén.*

Quiero compartirte algo que leí recientemente de Madame Guyon para que medites en ello. Espero que te impacte tanto como lo hizo conmigo:

"Dios te diseña, mi amigo, para sí mismo, pero Él te guiará por un camino, completamente opuesto a lo que has marcado. Él hace esto para destruir tu amor propio. Esto se logra solo con el derrocamiento de todos tus propósitos, puntos de vista pre-concebidos, razón natural y sagacidad. El amor propio tiene muchos escondites. Solo DIOS puede buscarlos. Buscas el honor que proviene del hombre y te encanta ocupar un puesto alto. DIOS desea reducirlo a la pequeñez y la pobreza de espíritu. Créeme, crecerás en gracia, no por el conocimiento adquirido de los libros; no por el razonamiento de verdades divinas, sino por el flujo de Dios. Ese flujo alcanzará y llenará tu alma, en proporción, a medida que te vacíes de ti mismo. Al ser el alma vaciada de su gobierno, tiene "espacio" para que Dios la llene de "Su gobierno". En el nombre de Dios, te suplico que renuncies a tu propia sabiduría, a tus autoconducciones, y te rindas a Dios. Deja que se convierta en tu sabiduría. Entonces encontrarás el lugar de descanso que tanto necesitas... Anímate y sé persuadido de que, si Dios destruye la Vida Natural, es para luego llenarla de Él y transformarla en una vida plena. Procura no ser nada, para que Dios sea todo. Cuando estás vacío, Dios mismo llena el espacio".

6

EL TRATO DE DIOS PARA TRANSFORMARME

EJERCICIO 6

"SEÑOR, TE ANHELO, TE NECESITO"

Bernardo. —Seguimos viendo y aprendiendo cómo Dios nos "trata" para conformarnos a la imagen de Su Hijo.

¿Te sucedió que hay momentos en los que sientes de manera intensa, fuerte y plena, la presencia de Dios; y otros en los que preguntas: "¿Señor, dónde estás? ¿Qué sucede que no me respondes?". Tiempos en los que lees La Palabra, pero nada ocurre. Y concluyes: "¡El Señor se escondió!".

Lector. —¡Sí! ¿Por qué se escondió?

Bernardo. —Se escondió para que nuestro amor nos mueva a buscarlo a Él. Observemos la historia: la mujer dice que por las noches estuvo buscando a su amado y no lo halló.

Cantares 3:2-4 dice:

> *Y dije: Me levantaré ahora, y rodearé por la ciudad;*
> *Por las calles y por las plazas*
> *Buscaré al que ama mi alma;*
> *Lo busqué, y no lo hallé.*
> *Me hallaron los guardas que rondan la ciudad,*
> *Y les dije: ¿Habéis visto al que ama mi alma?*
> *Apenas hube pasado de ellos un poco,*
> *Hallé luego al que ama mi alma;*
> *Lo así, y no lo dejé,*
> *Hasta que lo metí en casa de mi madre,*
> *Y en la cámara de la que me dio a luz.*

Ella hace una búsqueda de amor, quiere volver a experimentarlo.

¿Y cómo lo podemos buscar nosotros? Hagamos el ejercicio...

—¿Está presente el Señor ahora en tu vida? Adóralo por eso.

—¿Está escondido el Señor ahora en tu vida? Exprésale: "Señor, aquí estoy, Te anhelo, Te necesito".

Ahora, no sigas leyendo, haz el ejercicio.

Bernardo. —¿Cómo fue esa experiencia?

Lector. —Recordé varias veces cuando el Señor estaba escondido, renové mi búsqueda por Él y le hice saber con todo mi corazón cuánto lo amo. Él me atrae cada vez más.

Bernardo. —¡Sí! Dice Cantares: "Si Él me besare con besos de su boca". Dios es todo boca. Él es boca porque Él es La Palabra. El amor es besar La Palabra, todo Él es La Palabra. La Palabra es el amor, no hay amor sin Palabra; Cristo es amor. Entonces, cuando yo lo beso a Él, besé La Palabra.

Apocalipsis habla de una iglesia que se jactaba de ser rica y, frente a eso, Dios le expresa: "Tú dices que eres rica, pero eres pobre".

¿Qué es la riqueza? La abundancia de la gracia y la abundancia de Su amor. En este tiempo hemos aumentado nuestra riqueza de Su Amor.

Lector. —¡Cuánta riqueza hay en Tu presencia, Señor! ¡Fuera de Ti, nada deseamos!

Bernardo. —El problema está en los tiempos de crisis donde solo podemos echar mano de las riquezas. Cuando La Biblia habla de ellas, menciona el aumento de la gracia, la acumulación de las promesas que vamos creyendo. Este es el "mejor negocio", en el cual debemos invertir tiempo y ganas. El Salmo 8:2 cita: *De la boca de los niños y de los que maman, fundaste la fortaleza, a causa de tus enemigos, para hacer callar al enemigo y al vengativo.*

Cuando el bebé se alimenta, hace una primera succión y luego la leche fluye. El bebé se queda quieto para no perder su alimento. Esto lo describe Madame Guyon:

"La leche empieza a fluir; esa primera succión la hace el bebé y eso es la búsqueda del amor, no del esfuerzo, es el anhelo de recibir del amor de Él; o haciendo la comparación con el barco —continúa explicando— este sale de la orilla movido por los remos, pero luego es el viento quien lo mueve. Ese remo es la fuerza de la búsqueda del amor". Recuerdo Cantares 1:4 que dice: "Atráeme; en pos de ti correremos".

Esto explica que hay una fuerza que atrae hacia Él mismo; es la fuerza del amor. Una dimensión que nos atrae como el imán al clavo. Somos atraídos al centro, hacia Él por la fuerza de Su amor. Por eso la muerte no puede separarnos. Esta fuerza de atracción nos empuja a unirnos al Señor para que ya no viva yo, sino Él en mí y seamos uno. Es una unión inexplicable. Solo el amor humano puede ponerse en palabras amorosas; el amor divino, no. Este no tiene altura ni profundidad ni anchura.

Lector. —¡Esto es lo que experimenté! ¡Y me sentí lleno de fuerzas!

Bernardo. —A medida que vamos entrando en aguas profundas, cada vez somos más transformados por Él. Por eso dice: "Atráeme en pos de ti y correremos". La palabra "atrae" es la fuerza del imán. Pero también dice "correremos" y esa es la fuerza del amor que nos mueve. No es quietismo ni parálisis; es descanso, pero movimiento. Te encuentras caminando. "Caminarás y no te cansarás"; hay movimiento. No es inoperancia, ni indiferencia, ni vagancia. Es movimiento bajo la paz de Dios.

Corrie ten Boom escribió: Deja que las promesas de Dios brillen en tus problemas.

7

SER COMO NIÑOS

EJERCICIO 7

"LLEVO A LA CRUZ TODO LO QUE NO ES DE NIÑO"

Bernardo. —Estamos llegando a nuestro final de este tiempo juntos.

Lector. —Sé que vendrán aguas más profundas...

Bernardo. —Observa lo que dice Mateo 18:3: "De cierto os digo, que, si no os volvéis y os hacéis como niños, no entraréis en el reino de los cielos".

En este pasaje Jesús nos dice algo interesante: si quieres entrar en el Reino, el océano, para nadar en él, tienes que hacerlo como un niño. Cuando yo me vuelvo como un niño, estoy unido a Él, me hago uno con el Señor. Recuerda lo que Jesús le dijo al Padre: "Padre, ámalos a ellos como tú me amas a mí, desde la eternidad".

Y así lo dijo en Juan 17:21 (NVI):

> *Para que todos sean uno. Padre, así como tú estás en mí y yo en ti, permite que ellos también estén en nosotros.*

Imagina que ahora somos un río, ¿y a dónde va ese río? Al mar, y se mezcla con él. Si nosotros queremos ser uno (no puedo ponerlo en palabras porque es una experiencia, pero sé que me comprenderás en el espíritu), y que el río se mezcle con el mar, si queremos unirnos a Él y que Su amor nos llene e inunde nuestro cuerpo, alma y espíritu, tenemos que ser como niños.

Cuando somos como niños, alcanzamos el máximo nivel de vida espiritual. ¡Wow!

Lector. — ¿Qué significa ser un niño?

Bernardo. —En primer lugar, un niño *es sencillo*, no da vueltas. Cree. Cuando por las noches llora porque no puede dormir, sus padres van a la habitación con la luz apagada, para que no se desvele, y lo toman de la mano, le hablan o le cantan. La presencia de la mamá o el papá calmó a ese niño. Es dócil, sencillo. Cuando nosotros fuimos podados, en todos nuestros cuestionamientos y dudas, dejamos de dar vueltas para entrar en el nivel más alto de la vida espiritual.

Romanos 8:15 declara: "Pues no habéis recibido el espíritu de esclavitud para estar otra vez en temor, sino que habéis recibido el espíritu de adopción, por el cual clamamos: "¡Abba, Padre!".

Todos sabemos que *Abba* quiere decir "papito". Decláralo cada día: "Señor, soy un niño delante de ti".

En segundo lugar, el nene *juega*. No está preocupado por las crisis económicas, sean cuales fueren estas. Una criatura confía, juega, vive el presente y siempre está contenta. Un amigo mío, un pequeño de siete años llamado Jacob, me escribió desde Colombia y me preguntó: "Berrrnarrrdo, Berrrnarrrdo. ¿Qué haces para no aburrirte en casa?". Le respondí: "Estoy leyendo, estoy orando... ¿y tú qué haces?". "Berrrnarrrdo, yo corro por toda la casa, juego al oso, hago guerra de almohadones; estoy aprendiendo a jugar al ajedrez y la paso muy bien".

Lector. —¡Qué lindo! ¡Un niño de espíritu delante del Señor!

Bernardo. —No delante de la gente, sino delante del Señor. Tendremos que ser como chicos y confiar, relajarnos y pasarla bien. Oremos:

"Señor, gracias porque Tú eres mi Papá y puedo llamarte 'Papito', pero no desde el lugar del miedo, sino desde el lugar de hijo".

¿Recuerdas la anécdota que te conté en alguna oportunidad? Un niño iba en un tren y, mientras este marchaba, se desató una gran tormenta. Todos los pasajeros se atemorizaron, pero él estaba tranquilo. El pasajero que estaba a su lado le preguntó: "¿Tú no tienes miedo? Llueve muchísimo y te ves tranquilo". Y el nene respondió: "No tengo miedo, mi papá es el maquinista".

¡Qué extraordinario! Esa es la mente de los chicos. Ellos están contentos y son sencillos, dóciles; no son combativos, no pelean.

Seamos sencillos como ellos y confiemos en el Señor. Ellos se entregan a su presente y confían en Él.

Y, en tercer lugar, un niño *tiene asombro*. En una oportunidad fui a dar una charla a chicos de primer grado. Les hablé, y después hicieron una fila para hacerme preguntas. ¡Qué difícil! Al otro día les hablé a los padres. Se acercó uno y me comentó: "¿Sabes lo que me dijo mi hijo? «Papá, ayer vimos a un científico, creo que era un astronauta, nos dijo cosas muy lindas»".

Lector. —¡Qué hermoso! Los chicos tienen capacidad de asombro.

Bernardo. —Dejémonos asombrar por Dios. ¿Te acuerdas que te enseñé acerca de que Dios tiene un aspecto que conocemos, vemos y entendemos, pero también tiene aspectos de Él que son un misterio para nosotros y no entendemos, ya que nuestra mente no puede llegar a comprender tanta grandeza? Y, de pronto, Dios me da una revelación nueva y digo: "¡Wow!". Y ese misterio se hizo luz. ¿Qué generó esa revelación? Asombro y amor, porque el amor es un asombro constante.

Por ejemplo, si en tu pareja siempre tienes las mismas conversaciones, si hablan lo mismo y no hay nada nuevo, surgirá el aburrimiento. Así como sucede con el amor humano, Dios siempre va a sorprendernos.

Lector. —¡Quiero orar! "Señor, declaro que en este tiempo veremos cosas que nunca vimos de parte tuya y que seremos asombrados, sorprendidos y diremos: «¡Wow! ¡Qué impresionante!». Amén".

Bernardo. —¡Amén! ¿Recuerdas lo que Jesús dijo en la cruz? "Dios mío, Dios mío, ¿por qué me has desamparado?". Ahí tocó el misterio, lo incomprensible, el momento difícil; pero después le dijo: "Papá, en tus manos encomiendo mi espíritu".

Yo puedo vivir con lo que no entiendo porque sé que mi Papá tiene manos que sostienen mi vida y mi espíritu. ¡Gloria al nombre del Señor!

Lector. —¿Cómo me vuelvo un niño?

Bernardo. — "¿Cómo me vuelvo un niño?". Esa pregunta también se la hice al Señor; y me respondió: "Tienes que llevar a la cruz todo lo que no es de niño para que ella lo mate y lo pode y te deje como un niño".

Como Miguel Ángel, cuando vio ese bloque de mármol y antes de esculpirlo, dijo: "Aquí hay un David escondido, voy a sacar todo lo que no es David". Dios tiene que esculpir y sacar todo lo que no es niño de nuestras vidas para que así entremos y juguemos, seamos dóciles, nos dejemos asombrar y podamos entonces confiar en nuestro gran Papá.

Lector. —¿Y qué tiene que sacar?

Bernardo. —No recuerdo dónde leí esto, pero este autor profundo en Dios, mencionaba tres cosas que hay que podar:

a. *Nuestra vejez.* La vejez representa la sabiduría. Todo lo que nosotros sabemos, lo que estudiamos. Muchos de los intelectuales se encontraron con la finitud de la vida, con la fragilidad. Dios tiene que podar nuestra sabiduría humana. Llévala a la cruz. Esto no significa que no pensemos, sino que le pidamos Su sabiduría en nosotros. Dios nos dice: "Cuando vengas a mí, te daré mi sabiduría, pero deja tu sabiduría afuera". Se trata de podar la vejez.

b.   *Nuestra adultez*. El adulto tiene sueños, proyectos. "Quiero hacer esto y esto y esto... y planifiqué esto y esto y esto... ya tengo un plan inteligente", decimos nosotros. Pero Dios dice: "Déjalo en la cruz. No quiero que vengas a mí, ni con tu sabiduría ni con tus sueños. Mis sueños son mejores que los tuyos".

c.   *Nuestra juventud*. ¿Y qué es la juventud? Es símbolo de la fuerza: "Yo todo lo puedo"; "yo lo voy a hacer". Cuando voy al Señor, tengo que entrar como un niño.

Vayamos al ejercicio... Dile:

"Señor, llevo a la cruz, para su muerte, *mi vejez* (entrégale al Señor tus pensamientos, tu inteligencia, y todo lo que Él te muestre).

Señor, llevo a la cruz, para su muerte, *mi adultez* (entrégale al Señor tus sueños, tus proyectos, y todo lo que Él te muestre). Señor, llevo a la cruz, para su muerte, *mi juventud* (entrégale al Señor tus fuerzas, tus dones, tus capacidades, y todo lo que Él te muestre).

Señor, entro en Tu presencia sin sueños, sin proyectos ni grandes planes. Dejo en la cruz mi fuerza, mis capacidades, mi "yo todo lo puedo". No tengo que demostrarle nada a nadie ni esconder nada. Todo lo dejo en la cruz.

Entro en Tu amor, en Tu océano, en Tu presencia como un niño, como un bebé recién nacido. Amén".

Después de que vivas la experiencia, continuamos.

Bernardo. —Dice La Biblia que DIOS funda la fortaleza de la boca de los que maman. Cada vez que nos volvamos bebés y le digamos: "Señor, yo descanso en Ti. Señor, yo confío en Ti. Señor, yo te disfruto", ¿qué hará Dios entonces? Nos dará Su sabiduría, Sus pensamientos, Sus sueños, Sus fuerzas, para que sigamos soñando. Y cuando salgamos de la comunión con Él, ya no saldremos como niños (porque al mundo no podemos entrar como niños), sino como guerreros, como valientes.

Me gusta María, la mamá de Jesús. Cuando Jesús estaba en la cruz, todos los discípulos huyeron, pero ella se quedó de pie frente a Él. Porque no importa cuánta muerte haya, nosotros seguiremos de pie y creyendo. Este no es un sentimiento de omnipotencia.

Y cada vez que ores, hazlo como un niño; no es por esfuerzo. Dile: "Señor, hoy podo mi sabiduría, mis sueños, y te disfruto. Trátame como a un chico".

Disfrutemos del Señor como niños y permitámosle que nos llene del océano más grande. Y al salir, lo haremos con más fuerzas. Declaro en el nombre de Jesús que Dios nos está tratando y nos está ensanchando las capacidades de experiencias.

El amor de Dios todo lo cree, todo lo puede, todo lo vence, todo lo espera, nunca deja de ser. Tenemos la fe, la esperanza y el amor, pero la fuerza más grande es el amor de Dios.

El Señor está con nosotros, dejémonos amar y, cada vez que estemos con Él, seamos como niños. Y cuando estemos con la gente y hablemos con ellos, lo haremos en Su sabiduría, Sus sueños y Sus fuerzas. Lo declaramos en el nombre de Jesús; amén y amén.

Ejercicio...

Dile: "*Señor, ahora salgo con tu sabiduría, con tus sueños y con tus fuerzas. ¡Amén!*".

Comparte con tres personas que veas, lo que Dios ponga en tu corazón.

8

LA UNIÓN

"A LO LARGO DEL DÍA, LLEVO TODO A LA CRUZ"

Bernardo. —¡Vayamos más profundo!

Lector. —¡Señor, cuánta belleza hay en Ti!

Bernardo. —Repasamos...

Recordamos que en el libro Cantar de los Cantares podemos hablar de tres momentos:

a. Cuando la pareja se conoce y se ama (símbolo de la salvación, es decir, cuando recibimos a Cristo).

b.   El tiempo en el que esa pareja se va tratando (la transformación).

c.   La unión perfecta al ser uno con el Señor.

Lector. —Lo tengo presente y siempre estará en mi corazón el objetivo de Él para conmigo.

Bernardo. —Cuando yo oro al Señor, podríamos decir que "yo soy yo" y "Él es Él"; pero cuando Dios me va tratando, la cruz va podándome y cada vez hay menos de mí y más de Él, hasta llegar un momento en que sea: "nada de mí, todo de Ti".

Llegamos ahora al último nivel, la tercera fase: la unión. Dice Cantares 6:13 (NVI):

> *Vuelve, Sulamita, vuelve; vuélvete a nosotros,*
> *¡queremos contemplarte!*
> ### El amado
> *¿Y por qué han de contemplar a la Sulamita, como en las danzas de los campamentos?*

¿Qué significa sulamita? Es el femenino de Salomón. ¡Qué interesante! Salomón, que es el rey, está enamorado de esta joven y ahora le pone nombre. Él le dice: "Eres como la 'Salomona'; eres sulamita, la versión femenina de mí".

Lector. —¡Wow! ¡Qué impresionante! Cuando el Señor nos salvó, comenzó a tratarnos para que seamos Su versión: a imagen y semejanza suya.

Bernardo. —¡Sí! Ahora en esta última fase, la final, es donde Salomón le dice a ella que es "un espejo", como una copia: "Estás hecha a mi imagen". Este es el nivel más alto. Todo lo que Dios está haciendo es llevarnos a ser transformados a la imagen perfecta de Cristo.

Todos los animales, los pájaros, las abejas, etc., tienen instinto. Es decir, que hay leyes que se repiten. Hay un orden. Pero, ¿qué pasaría si se rompe ese orden del instinto? Si la abeja ya no tuviera una ley fija, por ejemplo…

Lector. —Si la naturaleza no tuviese leyes fijas que seguir, todo sería un caos.

Bernardo. —Justamente el pecado quebró las leyes de nuestra relación con Dios y trajo caos al mundo. Por eso, el plan de Dios es recuperar el "equilibrio", y eso solo lo logra el ser humano viviendo a Cristo.

Lector. —Creo que comprendí. Cuando yo me uno al Señor, me uno a Él porque Él es el amor y entonces toda mi vida se organiza. Cada vez que estoy lejos de Su amor, estoy fuera de lo que me ordena.

Bernardo. —¡Claro! Dice Filipenses 4:5:

Vuestra gentileza sea conocida de todos los hombres.
El Señor está cerca.

La palabra "gentileza" en el griego significa "equilibrio". Cuando yo me uno al Señor, Su amor me hace tener equilibrio en mis emociones, en mis pensamientos, en mi familia.

Uno de los ejercicios clave en todo este tiempo de práctica que hemos estado teniendo para el aumento de Cristo en nosotros, es "llevar a la cruz". Y la cruz funciona de manera automática. Es decir, el Espíritu nos recuerda a lo largo del día que permanentemente debemos llevar a la cruz las acciones y emociones más profundas de nuestro ser. De esta manera, nos irá llevando a "la nada". ¿Recuerdas que Dios usa "la nada" para poder crear? Dios utiliza el "polvo" para crear al hombre como símbolo del cadáver, de la muerte del yo. Como hemos enseñado, no es la aniquilación ni el vaciamiento de la personalidad, sino la declaración de la nada de nosotros para el todo de Él. Mi alma no me gobierna. Reconozco, entonces, que como no me gobierna, no tiene "nada", y al no tener nada, es que Dios puede darme Su todo, Su gobierno.

No es un estado de castigo, de flagelación, de auto insulto, de sentirnos una basura. No, sino sencillamente es el anhelo sincero de unirnos a Él porque entendemos que Él es la fuente del amor, que Él es el principio de todo y el fin de todas las cosas.

La transformación es la pérdida de todas nuestras propiedades para poder participar de las propiedades de Dios. Es "Ya no vivo yo, ahora vive Él en mí". ¡Qué difícil es poner en palabras esta experiencia divina! Seguimos siendo normales, personas comunes, sin embargo, Él nos ha inundado de Su presencia y experimentamos Su vivir en nuestro vivir.

Dice Madame Guyon:

> *Dios opta por esconder a las personas que Lo conocen bien*
> *y los esconde bajo la cortina de una vida normal.*

Estamos en aguas profundas. Hemos transitado mucho camino para llegar hasta aquí, y todo ha sido por Su gracia. Esta "pérdida" de uno mismo es la unión de Él, adonde hemos llegado sin esfuerzo, solamente aprendiendo a morir cada día.

Cuando el río llega al mar, goza de todas las bendiciones y los tesoros que están escondidos allí.

Lector. —¿En este nivel de unión y desnudez, o muerte total, es cuando ya no nos afectan las cosas como antes?

Bernardo. —Correcto, ya no nos interesan las opiniones de los demás, ni aun las nuestras, ni las circunstancias; sentimos la plenitud de la vida de Él. No nos quedamos quietos sin hacer nada, ahora sentimos Su fuerza, amor y poder. Descubrimos la finitud de la vida, pero por el poder de Él, tenemos un manantial que brota, una fuente extraordinaria. Creo que la característica más importante es que dejamos de mirarnos a nosotros y ahora solo lo vemos a Él, lo contemplamos a Él, y lo disfrutamos.

Vamos al ejercicio…

Consiste en estar atentos a lo largo del día a todas las cosas que el Espíritu nos muestra para llevar a la cruz.

Haz el ejercicio y nos vemos mañana.

Lector. —Bernardo, estoy haciendo la experiencia y voy descubriendo que siempre uno tiene "ropa" para desnudarse.

Bernardo. —Exactamente. A medida que uno más avanza, más se da cuenta de las cosas que debe llevar a la cruz. Cuando uno está en niveles bajos, cree que ya lo ha logrado; sin embargo, cuando la luz es más potente, decía Witness Lee, más detalles se ven que antes uno no veía. Siguiendo a Madame Guyon, ella hablaba de las "grietas" subterráneas de su ser. Allí, las impresiones del Espíritu o el mover del Señor actúan en nuestro interior mostrándonos aquellas cosas que espontáneamente y con alegría llevamos a la cruz. Hay un constante aumento de gozo, alegría y de Cristo viviendo en nosotros.

Me gusta como lo expresa nuevamente Madame Guyon:

> *Llegará un punto en que la cruz ni siquiera será cruz, sencillamente es otra forma de conocer a Cristo.*

Ahora podemos verlo a Él en todas las circunstancias. Cristo y la cruz es la misma presencia de muerte y resurrección. Nos hemos vuelto sencillos como niños; solo lo contemplamos y lo disfrutamos a Él. Observamos todo a través de los ojos de Dios y vivimos contentos.

Esta es mi experiencia y sé que es la tuya también.

Podemos tomar el libro de Job, en su lectura más profunda, como aquel despojo absoluto. A su vez, los amigos lo acusaron de tener pecado. Y el libro termina con la resurrección: tuvo hijos y multiplicación de todo; aunque no fue lo mismo que tuvo antes, pero aumentado; sino algo totalmente distinto. Luego de la pérdida total y absoluta, simbolizada en esas pérdidas, él ahora cedió delante de Dios y hubo un aumento de Él. "Pero ahora mis ojos te ven", dijo Job. La revelación de él aquí es mucho mayor que la del comienzo, y su libertad ahora es mucho mayor que la de antes de perderlo todo.

En resumen, esto no significa que Job se volvió humilde, fue aún más profundo que eso: llegó a la muerte y la resurrección. Somos conscientes de nuestras limitaciones, finitudes, debilidades y pobreza, pero, a la vez, de la alegría de Su poder, amor y gloria. Qué indescriptible que es esto. Estamos moviéndonos en las aguas profundas del mar de Su presencia.

Lector. —Te amamos, Señor.

Bernardo. —No hemos perdido nuestra personalidad, sino que ahora esta se ha potenciado bajo la vida de Él. Ya no nos interesa sentir o no sentir, sencillamente vivimos Su vivir.

Cuando yo tengo comunión diaria, soy transformado. Dios me está tratando. Él me va podando para que entonces, yo esté unido al amor del Señor y ahora pueda decir: "Ya no es que Dios me mejora, o me ayuda, o me añade un poquito a mi propia vida, sino que yo muero para que Cristo viva en mí y se exprese a través de mí".

Y cuando experimentamos el amor de Dios, nos abandonamos porque toda nuestra agenda la dirige Él.

Lector. —¡Gracias, Señor!

9

SER UNO

EJERCICIO 9

"SEÑOR, ME VUELVO UNO CONTIGO"

Bernardo. —El objetivo de Dios es hacernos uno con Él. En estos encuentros no pretendemos "sentir" nada de una manera en particular, sino solo que Cristo crezca en nosotros.

Lector. —Salir del foco de mirarnos a nosotros para verlo solo a Él.

Bernardo. —Cuando nos hacemos uno con Él, allí nos encontramos. Esa es la verdadera unidad. No es "entre nosotros" sino "en Él" y, como resultado del aumento de Cristo, somos uno con Él.

Veamos los siguientes gráficos para luego ir a los ejercicios de "Ser uno":

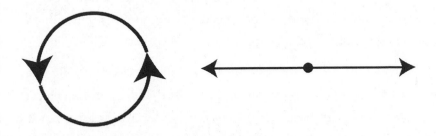

En la unión con el amor perfecto, se manifiesta en nosotros "Su eternidad". Aquí comenzamos a experimentar un "rayo", o una expresión de Su poder sobre nosotros.

Lector. —El ser humano está atado al tiempo.

Bernardo. —Si comparamos los años que posiblemente tiene la Tierra (4500 miles de millones de años) comparados con 80 años nuestros...

El hombre busca "ganarle al tiempo", vencer lo temporal. Me gustaría mostrarte algunas cosas interesantes del tiempo para luego explicarte cómo Dios trabaja en el mismo.

Lector. —Te sigo atentamente.

Bernardo. —Hay varios modelos para entender el tema del tiempo:

1. El modelo más antiguo es el *circular*. Este quedó ligado a la naturaleza. El hombre vio que la naturaleza funciona en ciclos,

en repeticiones: día y noche, por ejemplo. El agua se evapora, se condensa, va a las nubes y luego se produce la lluvia. La agricultura tiene ciclos. Los imperios tienen ciclos. La vida humana nace, crece, se desarrolla y muere.

Lector. —De adolescente discutía con mi papá; cuando me convertí en padre, me di cuenta de cuánta razón tenía, pero ahora mi hijo adolescente discute conmigo. ¡Esto es un ciclo!

Bernardo. —Uno se ve en los hijos como si fuese un ciclo que se repite y al cual uno está atado. Y así sucede. Pero la ciencia avanzó. De extraer el agua de los pozos y llevarla hasta el hogar con baldes, hoy hay empresas que se encargan de la obtención del agua. Y con solo abrir una llave, ya tenemos agua. O pensemos en el transporte... la máquina a vapor, el tren, el avión. Estos avances despertaron otra manera de considerar el tiempo. En la antigüedad, la tela se hacía a mano; entonces la persona podía hacer cada una de ellas en un determinado tiempo. Pero al aparecer las máquinas, se producía mucho más haciendo lo mismo. Es decir que, en menos tiempo, se fabricaba más. Por eso, el tiempo quedó asociado a tiempo y producción.

Lector. —De allí que el tiempo es oro, o que tengamos la costumbre de "no perder el tiempo".

¿Tengo que hacer algo con este tiempo?

Bernardo. —¡Sí! Y aquí aparece una segunda manera de vivir y ver el tiempo:

2. Lineal: además de ciclos, ahora observamos el tiempo lineal que quedó asociado al ser humano. Por eso, lo dividimos en:

- Mañana, mediodía, tarde, noche.

+ Segundos, minutos, horas, días.

+ Antes, durante, después.

+ Pasado, presente, futuro.

+ Niñez, adolescencia, juventud, madurez, vejez, muerte.

Lector. —Es verdad, todo lo vamos midiendo de acuerdo con estas coordenadas. En muchas ocasiones dije: "Este no es mi tiempo"; o "ya se me pasó el tiempo para estudiar", etc.

Bernardo. —Sumemos a eso una "velocidad": "el tiempo pasa rápido"; "no pasaba más el tiempo en ese examen"; "¡lo quiero ya!". Nuestra mente y nuestro cuerpo están atados a eso. Pero no lo está nuestro espíritu. Dios no tiene tiempo, ni circular ni lineal; para Él no hay "ahora o nunca". Para el Señor un año es un segundo y un segundo es un año. Él es el mismo, no cambia. Es inmutable, eterno, firme, permanente. ¡Aleluya!

Nuestra mente y nuestro cuerpo están atados a eso. ¡Pero nuestro espíritu, no!

Lector. —Señor, ¡Tú eres eterno, para siempre y siempre! De eternidad a eternidad somos tuyos. Eres la roca que no se mueve. Tu Palabra es "Sí" y "Amén". ¡Te adoramos y damos un aplauso a Tu nombre!

Bernardo. —El hombre es un "devenir"; cambia, todo cambia. Dios "es", permanece por siempre. El hombre, dijimos, es inquietud; Dios es quietud.

Entonces, cuando yo me uno en Su amor, una de sus expresiones es darme Su estabilidad, firmeza, seguridad. Él coloca Su palabra que no cambia; y ahora, lo que antes me movía ("pasado o futuro"; "se me fue el tiempo"; etc.) ya no existe en mí, sino una firmeza como el Monte de Sion que no se mueve. Caleb esperó durante 45 años la promesa y seguía firme esperándola. En el tiempo humano, Sara no podía ser madre, pero cuando recibió La Palabra, ella la sacó del tiempo humano y pudo procrear. La eternidad no respeta el tiempo. Obviamente, Dios es el creador del tiempo.

¡A estas alturas vamos elaborando juntos la revelación! Así que entremos en el ejercicio...

"Señor, llevo a la cruz mis tiempos: el pasado, el presente y el futuro...

Llevo a la cruz mis ciclos...

Llevo a la cruz mis horas, días, años...

Llevo a la cruz el movimiento del tiempo al que estoy atado: el rápido, el lento, el ya mismo...

Llevo a la cruz... (completa con lo que el Espíritu te diga). Señor, nada de mí; todo de Ti. Hazme experimentar Tu eternidad ahora en mí. Soy uno Contigo. Yo en Ti y Tú en mí. Entro en Tu eternidad y me uno a Tu amor".

Disfruta de este "tiempo sin tiempo" con Él. Luego de que lo hayas hecho, seguiremos.

Bernardo. —En lo natural, Dios nos dejó una expresión que se asemeja a "eternidad". Se llama estado "flow" o del fluir. Es cuando, por ejemplo, hacemos algo que nos gusta mucho: mirar fútbol, un hobby, una charla agradable, etc.; y nos sucede que "perdemos la noción del tiempo y del espacio", y estamos absortos en esa actividad, disfrutándola. Y luego, cuando salimos de esa actividad, nos damos cuenta de que tal vez pasaron horas, o que no percibimos nada de lo que sucedía a nuestro alrededor.

Lector. —Esto mismo me sucedió al hacer el ejercicio. Disfruto del Señor sin ver ni percibir el tiempo o qué sucede a mi alrededor. Somos uno con Él.

Bernardo. —Además de la experiencia, salimos con La Palabra que Él puso en nuestro corazón. Esa Palabra nos da firmeza, es un amén, trasciende el tiempo cíclico y lineal. No tiene tiempo porque Su Palabra es eterna.

LA BELLEZA

Bernardo. —Nuestro Señor es todo bello. Y esta es otra expresión de Su amor.

Cuando contemplamos algo bello, experimentamos una unión, una fusión, con aquello que vemos. Es como si las distancias se acortaran... observo cómo ese "paisaje" entra en mí y yo en él; me mezclo en aquello que veo.

Lector. —¡Eso nos sucede con nuestro Señor! Somos uno con Él. Su belleza "entra" en nosotros y nosotros "entramos" en Su belleza.

Bernardo. —Y allí sucede algo más, quedamos en silencio, no hablamos, no pensamos, no nos movemos, quedamos absortos y quietos, conmovidos. Nuestras expresiones son muy cortas, tales como: "¡Wow!". "¡Qué hermosura!".

Lector. —Hay pocas palabras y mucho silencio.

Bernardo. —La belleza de nuestro Señor tiene algunas diferencias con las bellezas que Dios nos dejó en la naturaleza. Por ejemplo:

+ Hay bellezas naturales que duran momentos; la Suya es eterna.

+ Hay bellezas naturales que son bellas para alguno, pero no para otros; la Suya es toda bella.

+ Hay bellezas naturales que tienen un aspecto bello, pero otro, no; Él es bello en todos sus aspectos.

+ Hay bellezas naturales que son bellas un día, pero al siguiente, no; Su belleza es bella en todas las circunstancias y en cualquier momento del día.

+ Hay bellezas naturales que cuando las comparas con otras, pierden su belleza; la Suya es incomparable.

Es decir, Su belleza siempre nos vence, nos desarma, nos asombra.

Lector. —"Cuán bello es el Señor... cuán hermoso es el Señor... hoy le quiero adorar".

Bernardo. —Vayamos más profundo. En Génesis 1 leemos que Dios "dijo" y creó todo. Esto sucede muchas veces en este capítulo. Pero, observa que antes de que Dios "dijera", ¿qué estaba haciendo? Estaba en un silencio eterno. El silencio es Su voz sin palabras.

Hagamos el ejercicio y continuemos...

"Señor, Tú eres hermoso, muéstrame Tu belleza (permanece en silencio contemplando).

Lector. —Qué hermoso quedarnos en silencio viendo Su hermosura.

Bernardo. —Su belleza es luz. Cuando Cristo se transfiguró en el monte, relata el Evangelio que su luz era resplandeciente, y algo de ella fue puesta en ti. Por eso, en el próximo ejercicio, sal como el Espíritu te guíe para ser luz en el mundo. Esa misma luz que recibiste.

¡Mucha gente será iluminada por las acciones que realices!

CONCLUSIÓN

Bernardo. —En las aguas profundas, volvemos a lo sencillo, a lo simple, a lo esencial. Estamos disfrutando de Él: una invocación, una palabra, cualquier actitud, nos conecta nuevamente con lo profundo. Es el lugar del abandono total.

En este nivel profundo descubriremos la fuerza de atracción: Él nos atrae cada vez más fuertemente. En este nivel profundo hay más silencio que palabras; no porque estas falten, sino porque justamente hay un exceso de palabras, eso nos hace quedarnos callados; como el bebé que se alimenta de la mamá y se hace uno en silencio, y en esa unión se abandona y disfruta.

Este amor fluye hacia nosotros y de nosotros a Él de manera continua y sencilla; nos dejamos llenar por Él y le expresamos el amor a Él. En este nivel profundo, experimentamos que Él es todo y nosotros nada; nos damos cuenta en este nivel de que no estamos creciendo, sino descendiendo en el alma para que Cristo absorba todo. Mi vida ahora es una con Él.

Madame Guyon lo explica así:

> *El alma ya no es ni apretada ni poseída, ni siquiera posee, ni disfruta; ella no puede hacer, no hay diferencia entre Dios y ella, no ve nada en Dios, no posee nada.*

En este nivel se produce el abandono total; ya no hay fuerza ni movimiento del alma, sino un ser arrastrado en Su amor. Ahí recién podemos experimentar "en Él vivimos, nos movemos y somos". Todo allí, en este nivel profundo de unión que es paz, fruto, sencillez y alegría.

Lector. —Gracias, Señor. Nada de mí; todo de Ti; me dejo amar por Ti. ¡Amén!

Bernardo. —Y declaro, Señor, que mi hermano ahora vivirá siempre en aguas profundas llevando tu amor a todos. Y así muchos te conocerán ¡y la Tierra será llena del conocimiento de Tu gloria en Jesús! Amén y amén.

No olvides, hasta que nos volvamos a ver, que "cuando yo me hago uno con Él y tú te haces uno con Él, allí siempre nos encontraremos".

Te bendigo, dejando ante ti una serie de ejercicios espirituales para que la presencia de Dios se haga aún más viva y profunda en ti.

EXPERIMENTANDO SU PRESENCIA

UNA GUÍA DE EJERCICIOS ESPIRITUALES

ÍNDICE

INTRODUCCIÓN

¡Hola, amigo! Qué bueno es estar juntos. Es una alegría compartir este tiempo contigo. Este es un libro sencillo, pero profundo; está escrito como un "mapa", y mi tarea será guiarte a experimentar la Presencia de Dios.

No hay experiencia más sublime que tocar la vida de Cristo, que vivirlo a Él. Por eso, este no es un texto teológico, ni doctrinal, ni de enseñanza, sino práctico, vivencial.

¿Qué te parece si antes de entrar en "aguas profundas", le pedimos al Señor Jesús que venga a vivir dentro de nosotros? Él dijo que si le abrimos la puerta de nuestro corazón Él vendrá a VIVIR dentro de nosotros. Lo podemos hacer rindiendo nuestra vida en esta oración, dicha de corazón. ¿Lo hacemos? Hazlo en voz alta si puedes.

"Señor, te quiero abrir mi vida. La rindo. Te necesito. Vive en mí ahora y para siempre. Toda mi vida la entrego, creyendo que moriste y resucitaste para limpiarme y darme vida eterna. Lo hago de corazón. Amén".

¿Lo hiciste? ¡Felicitaciones! Él vive en nosotros, y nos guiará a poder experimentarlo. Te aseguro que el tiempo que pasaremos con Él será magnífico.

Por eso te pido que leas muy lento (por esta razón el libro es breve). Ve despacio, permitiendo que Él se exprese, tanto a lo largo de la lectura como de los ejercicios espirituales. NO TE APRESURES, ni saltes ningún ejercicio. Cuando veas que es momento de parar, detente, y continúa cuando veas que es momento de retomar.

¿Listo?

Te cuento un poco de mi experiencia y del porqué de este libro. En una oportunidad, me invitaron a predicar durante varios días en otro país; me preparé y di una serie sobre "la vida de José". Estudié su vida durante meses y, luego, escribí un libro con más de cuatrocientas revelaciones al respecto. Aquí te comparto algunas de ellas. El primer día, la gente celebraba con gritos y exclamaba: "¡Wow! ¡Qué tremendo! ¡Gloria a Dios!". Así culminó una noche poderosa, con una reunión que duró varias horas. Les pedí a todos los que pudieran que estuvieran presentes al día siguiente; todos dijeron: "¡Amén!". Podía ver en sus rostros la alegría. Pero, el segundo día, solo vino la mitad de la gente... "¿Qué sucedió, Señor?", pregunté.

Me di cuenta de que las enseñanzas pueden ser muy buenas... pero de efecto limitado, corto.

También conocí gente que amaba mucho a Dios, pero se sentía vacía y se preguntaba: "¿Por qué si oro, asisto a la iglesia, o leo la Biblia, aun así, me siento vacío?". Otros, enojados con la iglesia, estaban buscando una experiencia "espiritual" y no dogmática. Otras personas que conocí tenían su relación con Dios sin adherirse a ninguna religión particular; se consideraban creyentes, pero nada más, buscando algo más en su comunión con Dios.

Conocí también a otros que asistían a cuanto curso, iglesia, práctica, conferencia, etc., podían, tomando un poco de cada una, o en el peor de los casos, nada de ninguna. También conocí a personas muy, pero muy conocedoras de la Biblia. Eran creyentes "a full", que servían a Dios y me decían "quiero tener más vida de Él; estoy buscando algo más; sé que hay algo más de Dios para mí".

Bueno, amigo, no sé si estás en algunas de estas categorías o no; no importa. Así podríamos continuar con muchos otros ejemplos de este tipo. ¿Por qué? Porque aquí intento brindar la respuesta que encontré a partir de mi propia búsqueda.

Te lo diré en una frase: *"Intimidad con Dios"*. De una relación diaria y personal con Él, descubrí que no importa en dónde estoy hoy, puedo entrar en "aguas muy profundas" y tener experiencias con la Presencia de Dios.

Sin una experiencia personal con Él, no tenemos nada, aunque hayamos logrado cosas, alcanzado sueños, tener amigos, etc. Siempre nuestro espíritu estará buscándolo a Él. En esta parte del libro te compartiré, mi amigo, lo que experimenté de comunión diaria y cómo fui entrenado en ella. Lo haré en capítulos cortos. Es importante señalarte que "si solo lo lees, pero no lo practicas, no servirá de nada. Solo perderás tiempo".

EL PROPÓSITO DE LA VIDA ES VIVIRLO A ÉL

¿Qué significa "crecer espiritualmente"? ¿Qué significa "ser discipulado"? ¿A qué me llamó Dios? Tener claridad sobre esto es la clave, puesto que, aunque parece un tema sencillo, no lo es.

Si me preguntabas años atrás: "Ahora que tienes a Cristo en tu corazón, ¿qué sigue?", yo te respondía con alguno de los siguientes conceptos erróneos que comparto a continuación.

1. CONOCER LA BIBLIA

Mi tarea es conocer Su Palabra, estudiarla, saberla y servir en un ministerio; esto es la vida cristiana. Así, siguiendo esta idea, hay que "buscar alimento" en la iglesia, o ir a un instituto bíblico para capacitarse, hacer cursos, ir a congresos, escuchar prédicas de los grandes hombres de Dios, etc.

Es verdad que debemos conocer La Palabra de Dios, pero expuesta aisladamente, de ese modo, no provocará vida. Porque fuimos llamados a vivir a una Persona: a Él. A experimentarlo a Él. Es entonces que Su Palabra cobra vida, porque ahora no abro La Biblia para leer un libro, sino para contactar a su Autor.

Procurar conocer La Biblia antes que experimentar a Cristo es como pretender construir un edificio en el aire.

2. SERVIR

Este es otro objetivo equivocado que busqué, y consiste en "hacer o trabajar para Él" en algún ministerio en la iglesia. Por esa razón, durante años, vi que los primeros en tener una vida seca, sin frescura, o en apartarse, eran los que más habían servido, y yo mismo también. Confundí el servir con el "vivir a" Cristo. Es así que buscaba dones, capacitación y servicio en base a un llamado, un ministerio, etc. Me convertí en activista sin vida de Cristo.

Pero… ¡mi primera tarea es vivirlo! Tener una relación de amor con Él, sentarme a Sus pies y disfrutarlo. Es decir, aumentar mi relación con Él. Procurar servir antes que experimentar a Cristo es trabajar en la carne o el esfuerzo humano.

3. MEJORAR EL CARÁCTER

También creí que el propósito de la vida era que Dios nos salvó para hacernos felices; mientras que otros dirán que hay que sanar las heridas, recibir sanidad interior y ser una persona distinta a la de los modelos de la sociedad. Es decir, mejorar el carácter y dar buen testimonio, o ser santo.

La vida cristiana consiste en pedirle a Dios que me dé cosas a MÍ. ¡Yo soy el centro de todo! Todo lo anterior es noble, pero no es el cimiento.

Descubrí que mi tarea es "Vivir a Cristo, experimentarlo a Él, buscarlo a Él". Disfrutar una relación personal y profunda con Él. ¡Un vivir "a" Cristo! Ser uno en Su vivir.

4. MEJORAR LA SOCIEDAD

De aquí provienen acciones tales como servir al prójimo, ayudar, ser solidario, dar testimonio, ser compasivo, mejorar la tierra. Repito, todas estas cosas son nobles y maravillosas; debemos hacerlas, pero no son lo primero a lo que Él nos llamó. Él nos llamó a "estar con" Él", a "vivirlo" a Él.

> *La experiencia con Él en intimidad es el grado máximo de conocimiento que podemos tener de Él, porque el vivirlo a Él supera el saber. Es una relación de amor. Cada día, a cada momento, en cada tarea.*

¿Lo estoy disfrutando a Él a cada momento? ¿Es mi intimidad con Él mi máximo anhelo? ¿Amo ver Su hermosura y contemplarlo? ¿Es mi deseo más profundo sentarme a Sus pies y mirarlo a los ojos? ¿Es mi anhelo vivir Su vida en mí y que cada aspecto de mi ser lo conozca más a Él?

EL MATERIAL ES CRISTO

Dios está interesado en una sola cosa, estar con nosotros. Él nos anhela, nos desea. Él anhela pasar tiempo contigo, tener comunión y que Él se exprese en nuestro vivir. Lo más importante y único es tener comunión íntima con Él. Así que iremos juntos.

Paso a paso. Él quiere ser muy real para ti. No solo por unos momentos, no cada pocos años, sino cada minuto de cada día.

Él quiere que vivas y ministres desde un lugar de Presencia. Su Presencia.

Te daré algunas ideas prácticas breves y, luego, ¡experimenta, por favor!

¿Listo? Recuerda: lee despacio, haz los ejercicios y detente cuando veas que "ya está por hoy".

EXPERIENCIA 1

FIJAR MI ATENCIÓN EN ÉL

Mira a tu alrededor... Ahora di en voz alta *"Dios es bueno"*.

Repítelo, por favor: *"Dios es bueno"*.

¿Lo hiciste? Hazlo una vez más y mira qué sientes;

"Dios es bueno".

Muy bien, ahora dile a Él en voz alta: *"Señor, te amo"*.

Repítelo varias veces, lento y de corazón,

Muy bien, ¿qué sucedió?

¿Notaste la diferencia?

Cuando dijiste *"Dios es bueno"* estabas usando tu mente, describiendo una cualidad de Dios. Cuando te pedí que le dijeras a Él: *"¡Señor, te amo!"*, tu atención fue hacia Él. Eso es Comunión: ser conscientes de Él.

Vamos de nuevo.

Mira hacia arriba de ti... Ahora dile lentamente y de corazón a Él: *"Señor, eres maravilloso; te adoro".*

¿Lo pudiste experimentar?

Recuerda: Comunión es cuando somos conscientes de Él.

> *¡Lo que experimentaste al hacer esta simple invocación es tocar su Vida!*

Fíjate que Él siempre estuvo dentro de ti; cuando miraste hacia arriba o hacia un costado, Él estaba dentro de ti. Pero cuando dirigiste tu atención a Él, Él se manifestó. A eso, lo denominamos la "Presencia manifiesta". Es decir, que toqué Su persona.

Recuerda: *Cuando le hablo a Él, Él y yo tenemos Comunión (intimidad).*

Continuemos con otro ejercicio.

Di: "El Señor es maravilloso". Ahora dile: *"Señor, Tú eres maravilloso".*

¿Notaste la diferencia? Primero, hablaste de Él (allí no hubo comunión); y después ¡le hablaste a Él! ¡Allí sí tuviste comunión! (no te preocupes si no sentiste nada o no experimentaste ningún temblor; ese toque suave que viviste en tu corazón es la intimidad con Él).

Cuando le hablas a Él, te haces uno con Él.

¿Notaste que ahora al hacer nuevamente el ejercicio fue "más fácil" tocar su Presencia? Tuviste un pequeño aumento de alegría al hablarle a Él de corazón a corazón. NO es necesario estar horas y horas para tratar de llegar a "un estado místico", sino solo hablarle a Él, hacerlo lentamente y de corazón, disfrutándolo.

+ Yo puedo leer un libro de Él.

+ Yo puedo hablar de Él.

+ Yo puedo decir "Amén".

+ Yo puedo cantar una canción que diga: "Alza tus ojos y mira, la cosecha está lista".

+ Yo puedo expresar, al escuchar un mensaje, "Wow ¡qué tremendo! ¡Qué lindo mensaje! ¡Él Señor es bueno!".

¡Comunión *es cuando le hablas a* Él!

+ Yo puedo leer un libro y decirle: "Señor, Tú eres grande; te adoro" (allí sí tuve intimidad).

+ Yo puedo escuchar un mensaje y decirle: "Señor, lléname de Ti porque Tú eres mi todo" (allí sí tuve intimidad).

¿Ves la diferencia?

Si alguien te envía un WhatsApp y le respondes: *"El Señor es grande"*, allí todavía no hay intimidad. Pero si luego le escribes: *"Señor, gracias por Tu amor hacia nosotros"*, ¡allí sí tuviste intimidad!

Hablarle a Él lo llamamos "invocarlo", es decir, que le hablé a Él de Él.

¿Practicamos?

Háblale a Él, hazlo lento, tocando su Presencia y luego de decir la frase, quédate unos segundos en silencio disfrutando de Él.

> *"Señor, te amo, Amado de mi vida, te pertenezco... Tu amor me envuelve".*

Practícalo a toda hora.

Te comparto un gran secreto: hazlo lento. Háblale despacio. No lo hagas a la ligera. Si lo haces seguido, cada vez te será más fácil y agradable.

En todo lo que hagas a partir de ahora (cocinar, comer, mirar la televisión, trabajar, etc.), invítalo a Él. Es decir, háblale a Él de Él; fija tu atención en Él para ser consciente de Él.

Pon tus ojos completamente en el Señor y centra todo pensamiento solo en Él. A medida que comiences a mantener tu atención en el Señor, comenzarás a encontrar Su Presencia y a escuchar Su voz.

Disfruta de la comunión íntima.

¡Señor, te amo!

¿Qué te parece si dejamos aquí y practicas?

Nos vemos luego.

EXPERIENCIA 2

TODO ALREDEDOR DESAPARECE

¡Hola nuevamente! ¿Y cómo fue eso? ¿Notaste un pequeño aumento de Él en tu vida? ¿Viste qué sencillo? ¡Sigue practicando! Si costó, o no experimentas nada aún, no te desesperes, sigue buscándolo. ¡Él se irá revelando a tu vida como nunca imaginaste!

¿Le decimos
"¡Señor, Tú vives en mí! ¡Te disfruto!"?

Muy bien, continuemos ahora en una nueva experiencia, pero déjame darte algunas ideas antes. Él no vino a darnos un catálogo de "cómo portarnos bien"; no vino a mejorarnos ni a ayudarnos a salir de las crisis. Nada de eso es comunión. Imagínate a un hijo que se dirige a la mamá o al papá solamente para pedir y pedir. Él no es Papá Noel que cumple nuestros deseos. Él no vino a vigilarnos, exigirnos ni mimarnos. Él vino a tener una relación con nosotros.

¡Él vino a nosotros y se dio a sí mismo! Cuando lo recibimos en nuestro corazón, recibimos a una Persona. ¡Él vino a vivir dentro de ti y de mí! Somos dos: Él y yo. Y Él y yo seremos uno en la intimidad. Una Persona viviendo en mí. Medita en eso.

+ Cuando lo invoco, estoy invocando a una Persona.

+ Cuando leo La Biblia, estoy leyendo a una Persona.

+ *Cuando oro, le estoy orando a una Persona.*

Él no es un viento ni un fuego. Él no vino a darnos cosas como poder, fuerzas, salud, etc. Él se da a sí mismo. Él es una Persona. Cuando pongas tu atención en Él, ve allí, en Él, a una Persona. ¡Su vida vive en tu vivir!

Piensa en las veces que hablaste con alguien y tu mente estaba en otra parte. ¿Recuerdas una escena así? Ahora piensa cuando le hablaste a alguien con suma atención, observándolo con toda tu persona. ¿Recuerdas cuando estabas muy enamorado? Seguramente todo tu ser estaba entregado allí. Los novios no se gritan, ni hablan fuerte; solo se miran el uno al otro; se perciben; son uno. Fija tus ojos solo en Él. Olvídate de todo lo demás. Solo "arrójate en Él", como si lo hicieras en una piscina con agua. A medida que mantengas tu atención en Él, verás Su Presencia y oirás Su voz.

¡Ahora, con todo esto, vamos a practicar!

Vamos a decirle unas invocaciones y luego a cantarle una canción. Al hacerlo, pon todo tu ser. Que todo a tu alrededor desaparezca y todo tu ser esté en Él, disfrutando de Él, y Él de ti. ¡Olvídate de todo y de todos! Si es necesario, cierra tus ojos; solo pon toda tu atención y ser en Él.

Aquí te doy un ejemplo, léelo y luego hazlo:

"Señor maravilloso, Tú eres digno, grande y majestuoso. Te disfruto… Envuélveme en Tu amor; solo deseo conocerte más… Te canto esta canción".

Recuerda siempre el gran secreto: hacerlo lento. Háblale despacio. No lo hagas rápidamente. ¿Listo?. Te invito a que puedas hacerlo. Si no sabes ninguna canción de adoración a Él, solo quédate en silencio disfrutando de su Persona.

¿Desapareció todo a tu alrededor? ¿Te olvidaste del tiempo? ¿Desaparecieron tus problemas? ¿Percibiste que no había nada más que Él? Si sucedió eso, allí hubo intimidad. Si no sucedió eso, tranquilo y ¡a seguir practicando!

Hazlo de manera breve, pero durante esos minutos en los que pongas tu atención en Él como Persona, disfrútalo. Tarde o temprano, todo desaparecerá a tu alrededor, porque en esos minutos de comunión te saliste del tiempo y entraste en la eternidad, donde no hay nada más que Él. Si tienes alguna canción de adoración, instrumental, en tu celular, ponla de fondo muy suave y practícalo.

EXPERIENCIA 3

LE HABLO Y ESPERO EN ÉL, DISFRUTÁNDOLO

¿Cómo vamos? ¡Ya estamos experimentándolo! Ya vimos y practicamos el fijar nuestra atención en Él, hablándole a Él. Y, al hacerlo, lo vemos como a una Persona. Todo desaparece alrededor. ¿Notaste que, cuanto más lo practicas, más fácil te sale? Eso es porque tu espíritu es el órgano que conecta con Él. Y, cuanto más lo disfrutes, ¡más hambre tendrás de Él!

¿Sabías que Él te desea? ¿Sabías que Él disfruta de cada encuentro? ¿Sabías que Él te canta, te abraza, te llena de Él? La comunión con Él no es una "tarea" a realizar, sino un "encuentro" de mutuo disfrute. ¿Alguna vez viste una pareja o amigos que se disfrutan mutuamente? Pasa el tiempo y nada les interesa más que estar juntos.

¡Así sucede con Él!

Presta atención a este concepto: **Disfrutar.**

Eso implica estar relajados, sueltos. Porque cada encuentro es una experiencia de amor, de alegría. Descubrirás que serán los momentos más sagrados y hermosos que viviste, que nada se compara a la satisfacción de estar en Su Presencia. Construirás momentos perfectos. No vamos a Él para "obtener algo", sino para verlo a Él. Muchas veces acudí a Él para pedirle algo y no para hablarle. ¡No hagas eso! Solo pon tu corazón en Él y disfruta Su Presencia.

Él solo quiere que tu atención esté completamente en Él. No en Su bendición, ni en Su provisión, ni nada más. Tu tiempo de oración en el lugar secreto no debe ser para obtener algo de Dios, sino para disfrutarlo y amarlo por lo que Él es por encima de todo.

Lee primero todo el ejercicio y luego vamos a practicar.

Cierra tus ojos y háblale a Él; dile: *"Señor, me dejo amar por Ti"*, y luego quédate en silencio unos segundos disfrutando de Su Presencia.

Vuelve a decirle: *"Señor, Tú eres hermoso"* ... Quédate en silencio unos segundos disfrutando de Él.

Dile algo a Él (¡no te olvides de que es una Persona!) y espera disfrutando de Él. Y así le hablas y esperas, le hablas y disfrutas. Como un diálogo que fluye de amor y palabras.

¿Listo? ¡Practica!

Creo que debemos dejar aquí. Mi amigo, estamos entrando en aguas de Su amor...

Gracias, Jesús, por Tu amor a nosotros.

Amén.

EXPERIENCIA 4

*CONSTRUIR UNA RELACIÓN CON UNA
PERSONA, INVOLUCRÁNDOLO EN TODO*

¿Recuerdas cuando había teléfonos de cable? ¡Alguien te llamaba y tan solo con el "¡Hola" ya sabías quién era! Conocías el timbre de su voz. Distinto era cuando no conocíamos muy bien a quien llamaba. "Hola, sí... ¿quién habla?", preguntábamos. A Cristo lo conocemos de la misma manera que conocemos a otras personas. Háblale, pídele Su opinión, compártele cosas, adóralo. Es decir, pasa tiempo con Él. Él tiene que ser parte de tu vida diaria. ¡Él tiene que estar en cada momento! Recuerda que construir una relación lleva tiempo. Así que, cuando vayas de compras, dile: "*Señor, guíame Tú*". Cuando estés hablando con alguien, dile en tu interior: "*Señor, habla Tú*".

+ Señor, hazlo Tú.

+ Señor, habla Tú.

+ Señor, actúa Tú en esta situación.

El nuevo ejercicio consiste en que, en las distintas actividades que estés realizando, le digas solo esas frases. Nada más. ¡Esto es involucrarlo a Él para que Él se exprese a través de ti! No estés pendiente de qué sucederá. Solo concéntrate en involucrarlo a Él.

Por ejemplo, si vas a comprar algo, dile: "*Señor, ¿me guías?*".

Si estás haciendo un trabajo, dile: "*Señor, ¿lo haces Tú?*".

Si estás hablando con alguien, dile: "*Señor, exprésate Tú*".

Si estás por tomar una decisión, dile: "Señor, decídelo Tú".

Si estás buscando estacionar el auto, dile: "*Señor, ¿me llevas a donde hay un lugar?*".

Señor, sé Tú, hazlo Tú, exprésate Tú.

¡Mi amigo, Él quiere ser parte de nuestra vida! ¡Él quiere vivir Su vivir en nosotros! Por eso hay que involucrarlo en todas las actividades del día a día. Pero, ¿a Él le interesan las cosas pequeñas? Claro que sí, porque Él nos ama y lo llena todo; tanto lo pequeño como lo grande de nosotros es para Él.

Él quiere tocarnos. Quiere ser real, pero no solo en algunos momentos, sino a cada minuto; no solo en las grandes decisiones de la vida, sino en las cotidianas.

Que vivamos juntos. Eso es lo que quiere.

Él quiere que sepa que todo lo que yo necesito es una relación con Él. Cada día un poco más profunda, más íntima. Él lo anhela y yo lo necesito. No podemos esperar conocer la voz de alguien con quien no pasamos tiempo. La razón por la que reconozco las voces de mis hijas y de mi esposa cuando me llaman por teléfono es que paso tiempo con ellas todos los días.

Pasar tiempo con Él todos los días nos conecta con el reino espiritual donde se encuentra el Espíritu Santo.

¿Practicamos?

EXPERIENCIA 5

TENGO HAMBRE DE ÉL. LO NECESITO.

¿Cómo vamos?

¿Hay más hambre de Él en tu vida?

¿Sí?

Cuanto más lo experimento, más quiero estar con Él. Medita en eso.

Tu alma (mente) busca placer, pero tu espíritu busca experimentarlo a Él. ¡Y cuando tenemos intimidad con Él, el hambre se suelta! El deseo, el anhelo, de disfrutarlo más y más. Nadie ni nada más cautiva tu corazón como Él. El tiempo con Él es más importante para ti que el tiempo con cualquier otra cosa o cualquier otra persona. Una mujer leyó un libro y lo tiró a la basura porque no le gustó, le parecía inentendible y aburrido. Una noche, en una fiesta, conoció a un joven apuesto de quien se enamoró. Pasaban horas y horas hablando y el amor crecía cada vez más en cada encuentro. Grande fue su sorpresa al descubrir que ese joven era el autor del libro que había desechado. Así que rápidamente volvió a comprar otro ejemplar. Su amiga le preguntó: "¿Por qué compraste otro si no te gustaba ese libro?". Y ella le respondió: "Es que ahora estoy enamorada de su autor y todo lo que había leído ha cambiado para mí".

Enamorarse del Autor.

Hay algo poderoso cuando, en intimidad, le decimos que lo deseamos, lo amamos, lo disfrutamos. Leemos en Cantar de los Cantares: "¡Si él me besara con besos de su boca!". ¡La Amada lo anhela, lo desea, y se lo dice al Amado!

Cuando una pareja pierde el lenguaje del amor, pasan a ser solo "buenos amigos" o "buenos socios", nada más.

¡Hay personas que nunca le han expresado a Él palabras de amor y dulzura! A algunos les da vergüenza. Y otros no se han dejado amar por Él, por eso, no lo pueden decir.

Recuerda, mi amigo, que estás en el lugar secreto, en intimidad, solo Él y tú. Allí permítete darle expresiones de amor a Él. Te comparto algunas:

- *Te anhelo; te necesito más que ayer.*

- *Mi corazón te desea. Tú eres todo para mí; hermoso eres.*

¿Qué te parece si ahora sumamos expresiones de amor espontáneo hacia Él? Hazlo cuando surja y sin importar dónde estés o qué estés haciendo.

Lo podemos amar porque Él nos amó primero.

Hazlo lento. Recuerda que Él es una Persona. Vive dentro de ti. ¡Y te ama!

¿Practicamos?

¡Te animo a que sumes ahora dos potentes experiencias!

Cada día, al levantarte, que la primera voz tuya sea a Él;

¡antes de salir, háblale a Él! Dile: "Señor, te amo", o "Señor, este día será hermoso juntos".

¡Hazlo y verás que todo tu día comienza a entrar
en otra dimensión!

EXPERIENCIA 6

MI PORTAL

¡Aquí otra vez!

Un portal es un lugar, una "puerta", un lugar fijo para estar con Él.

Claro que estamos con Él todo el día y en todo lugar. Pero también necesitamos un lugar fijo, así como Jesús iba al monte o a Getsemaní para tener un lugar "especial" donde verse con Él. Ese lugar puede ser una habitación, una silla en particular, un camino, etc. He conocido gente cuyo portal, por tener varios hijos o una casa muy pequeña, ¡era el baño! Busca ese lugar donde estés solo, tranquilo. Y sin interrupciones. Pon el celular en modo avión o apágalo. Elimina cualquier cosa que te distraiga. Si hay cuadros o elementos que te distraigan, ¡quítalos! Fíjate que en ese lugar no haya distracciones, ni objetos ni personas, y disfruta de Él.

Un amigo mío solía tener un montón de cuadros en la pared de su habitación-portal. Hasta que se dio cuenta de que se distraía. De modo que los sacaba en cada encuentro. Experimentarlo a Él es lo más hermoso, no hay nada mejor que la vida pueda ofrecernos. Es imposible explicar la experiencia y la increíble satisfacción que proviene de la Presencia de Dios. Todo se hace perfecto en ese momento; todo se vuelve increíble.

Eric Gilmour dijo en una ocasión: "Puedes sentir que amas al Señor, pero te diré cómo puedes saber si realmente amas al Señor como el primer amor: nadie más y nada más cautiva tu corazón como Él. El tiempo con Él es más importante para ti que el tiempo con cualquier otra cosa o cualquier otra persona. Sus Palabras significan más para ti que las palabras de otras personas. Sus deseos significan más para ti que tus propios deseos".

¡Establece tus portales de esplendor y comienza!

Pon allí un instrumental de adoración y pasa unos minutos en silencio, disfrutándolo; canta; invócalo. Deja que te envuelva.

¿Listo?

Vamos a sumarle ahora la experiencia de "cerrar el día con Él". Que tu última voz antes de dormir no sea la TV o el celular, sino la de Él. Dile *"Señor, háblame mientras duermo y lléname de Tu paz"*.

Verás que Él comenzará a hablarte en el "turno noche".

EXPERIENCIA 7

BUSCARLO A ÉL EN MI DÍA

¡Cristo maravilloso!

Aquí estamos una vez más. Mi amigo, Él obra a lo largo del día. Él trabaja siempre a nuestro favor. Y la comunión con Él consiste también en verlo obrar, descubrirlo y decirle: "Ahí estás". Aquí te dejo un "mapa" que escribí como resultado de mi anhelo de verlo más y más. Sé que te servirá. Me ha servido a mí para dejar de lado todo lo que no me lleve a un aumento de Cristo (libros, reuniones, actividades, etc., que no producen a Cristo).

Si nuestro foco es solo Él, con Él vienen todas las cosas.

¡Hazte un buscador de cómo aumentar tu intimidad con Él; enfócate en Él! Lee y busca todo aquello que te lleve a más de Él.

Lee La Biblia y busca a Cristo. Habla con alguien y busca a Cristo. Cuando hagas algo o suceda algo, busca ver dónde está Él. El estar pendientes de Él en nuestro "afuera", en el día a día y en lo cotidiano, ¡traerá un aumento de gloria!

Comunión es experimentarlo dentro de nosotros; y también verlo y experimentarlo fuera de nosotros.

EXPERIENCIA 8

CÓMO ORAR LA BIBLIA

La Biblia es la Palabra de Dios. Por ella, Él nos habla, nos da su Voz. Al abrirla no leemos un libro, sino que contactamos a una Persona, a Su autor.

Vamos a sus páginas y lo vemos a Él; lo experimentamos a Él. Un gran hombre de Dios llamado George Müller la había leído-orado doscientas veces; Dios le respondió más de un millón de oraciones.

Mi amigo, ahora aprenderemos cómo "orar la Biblia", cómo "respirar La Palabra" y recibir en nuestro espíritu la Vida de Cristo.

Lo primero es decirte que si no tienes una Biblia consigas una en tu celular o una tradicional en papel.

A lo largo de los años, te confieso que cometí el error de muchos de "leer y leer", entrando así en momentos de aburrimiento; otros de no entender qué leía, y otros con la sensación de que "perdía tiempo".

Aquí te diré lo que descubrí de los hombres de Dios: la oración de La Biblia era su alimento práctico y preferido. ¿Estás listo?

Aquí te dejo el Salmo 1, por ejemplo.

> *Bienaventurado el varón que no anduvo en consejo de malos, ni estuvo en camino de pecadores, ni en silla de escarnecedores se ha sentado; sino que en la ley de Jehová está su delicia, y en su ley medita de día y de noche. Será como árbol plantado junto a corrientes de aguas, que da su fruto en su tiempo, y su hoja no cae; y todo lo que hace, prosperará. No así los malos, que son como el tamo que arrebata el viento. Por tanto, no se levantarán los malos en el juicio, ni los pecadores en la congregación de los justos. Porque Jehová conoce el camino de los justos; más la senda de los malos perecerá.*

Bien. Ahora lo leerás despacio, nuevamente, muy lento, sin tratar de entender lo que estás leyendo. Solamente que, al leer, dejarás que algo de lo que lees sobresalga, te impacte, te llame la atención, sientas un "tirón" en tu espíritu. Esa palabra o frase que te impacta es la "carga", es decir, la palabra que Dios separó para ti en este día.

Por ejemplo, yo empiezo a leer:

Bienaventurado el varón que no anduvo en consejo de malos, ni estuvo en camino de pecadores, ni en silla de escarnecedores se ha sentado, sino que en la ley de Jehová está su delicia...

Cuando llegué a 'delicia' esa palabra me impactó; me tocó, me llamó la atención en mi corazón. Esa palabra ahora la empezaré a orar; dejaré que Dios me guíe.

Por ejemplo, *"Señor, Tú eres mi delicia... delicia... Hoy será un día hermoso... Delicia para mi casa, delicia en mi trabajo... Amén".*

¡Eso es orar La Palabra! ¡Es respirar Su aliento de Vida! Puedo ahora seguir leyendo y buscando la próxima carga o detenerme allí. ¡No es necesario leer mucho! Solo leer hasta ver "la carga", la Palabra llena de gloria de Dios para mí, ahora.

Solo disfrútala.

Puedes empezar consiguiendo una Biblia, como ya puntualizamos. Empieza por el libro de Filipenses en el Nuevo Testamento; separa unos minutos al día y ora La Palabra. Luego de hacerlo, permite que la onda expansiva se active.

Esa palabra "delicia" ahora la vas a "masticar", "saborear", a lo largo del día. Deja que Él te guíe cuándo volver a orarla tal como Él te indique. Se trata de meditar lo que Dios me dice.

Vi a muchos creyentes que oyen un mensaje y dicen:

"*¡Wow!* ¡Amén! ¡Gloria *a Dios!*".

Pero, al terminar la reunión, ya no meditan más; se desconectan. Otros leen La Biblia, la subrayan y son impactados. Pero, después de haberla leído, "ya está" y pasan a otra cosa. No hay "onda expansiva". Es decir, algo que se lleva a cabo para seguir pensando en el espíritu, meditando, masticando. ¡Por eso no hay aumento de Cristo!

¡El secreto es seguir meditando en algo que Dios te habló!

Cuando leemos algo en La Biblia, escuchamos un mensaje o leemos un libro y Dios nos habla, eso debemos llevarlo con nosotros a lo largo del día y rumiarlo. David empezaba sus Salmos hablando de "meditar de día y noche". Solo así —decía— seremos como un árbol plantado junto a corrientes de agua que da fruto y en todo prospera.

Dios no le dijo a Josué que aprendiera a usar la espada; le dijo que meditara La Palabra de día y de noche. La meditación es una actividad continua.

+ Hablar confesándola.

+ Contemplarla en silencio (imaginar esa Palabra).

+ Repasarla en el espíritu una y otra vez (implica estudiar, reflexionar con el corazón, exprimiendo así esa verdad).

Y mi lengua hablará (o meditará) de tu justicia y de tu alabanza todo el día.
(Salmo 35:28, énfasis añadido)

La ilustración más clara que puedo dar de la meditación es la de una vaca rumiando.

Una vaca pasta: encuentra abundante hierba sabrosa, la mastica y finalmente la traga. Más tarde, la hierba masticada sale otra vez para volver a ser masticada.

Me explicaron que, si una vaca no rumia, está anunciando su muerte.

Aliméntate con La Escritura una y otra vez; trágala y tráela de nuevo, repasando una y otra vez. Cada vez que la masticas, estás asimilando todos sus nutrientes, haciéndola más y más parte de tu ser.

Meditamos en todas partes: en la cama, en la calle, en el trabajo. Meditamos todo el tiempo: día, tarde y noche. La meditación es nuestro estilo de vida (ver Filipenses 4:8). Meditamos en Cristo, Su esplendor, Su majestad, Su Hermosura, Su Palabra. No meditamos en el mal ni en la maldad.

> Cuanto más leas La Biblia y cuanto más la medites,
> más te asombrarás.
> — Charles Spurgeon

Considera todo lo que has leído recientemente y busca qué te impactó.

+ Lleva eso para meditarlo todo el día y de noche.

+ Escríbelo en el celular.

+ Pégalo en algún espejo de tu casa.

+ Háblalo.

+ Contémplalo.

+ Repásalo.

¡Tendrás un aumento de Cristo maravilloso!

¿Listo?

¡A practicar! Lee y cuando encuentres la palabra "carga" que te impacte, órala y luego mastícala a lo largo de tu día. Construye esta práctica cada día y verás a Cristo moverse como nunca antes en tu vida.

EXPERIENCIA 9

ENSANCHA TU LENGUAJE DEL CORAZÓN

¡Aquí otra vez más! Es importante que en nuestra intimidad con Él ampliemos nuestro lenguaje. Uno de los problemas que tenemos los creyentes, es que nuestro lenguaje del espíritu es muy pobre, escaso. Se limita a decir *"Amén"*, *"Gloria a Dios"*, *"Aleluya"*; y esas tres palabras las repetimos y repetimos. No está mal, pero sigue siendo poco lenguaje.

Para tener comunión con Él debes ensanchar estos tipos de lenguajes:

1. EL LENGUAJE AMOROSO

"Amado", "Hermoso Señor", "Dame besos de tu boca", "Abrázame con el calor de tu amor", "Tu amor es mejor que la vida", "Atráeme bajo tu sombra", "Eres hermoso y dulce".

Veamos algunas frases que decía el rey David: *"Te amo"*, *"Eres el más hermoso"*, *"De mañana sáciame de tu amor"*, *"Tu bondad y misericordia nunca fallan"*, *"Son preciosos tus pensamientos"*, *"No hay para mí bien fuera de Ti"*.

Te pido que incorpores a tu léxico lentamente una por una estas expresiones de amor en voz alta, poniendo toda tu atención en Él. Permite que el amor salga en cada expresión.

¿Estás listo?

¿Cómo fue? ¿Puedes decir ahora alguna que te surja espontáneamente hacia Él?

_____

_____

_____

Si lees Cantar de los Cantares, verás cómo la Amada solo da expresiones de amor íntimo hacia Él. Aprende en tu momento íntimo con Él a ampliar tu lenguaje amoroso, ¡sin ninguna vergüenza!

¿Lo hacemos nuevamente? Dile expresiones de amor que salgan de lo profundo de tu ser...

2. EL LENGUAJE DE LA NECESIDAD

Este lenguaje es el del "pobre de espíritu", es decir, ¡del que está vacío, necesitado! Dios nunca llena vasos llenos. Cuentan la historia de un profesor erudito que fue a visitar a un viejo monje, famoso por su sabiduría. El monje le dio una bienvenida amable a su templo y lo invitó a sentarse sobre un almohadón. Apenas se sentó, el profesor se embarcó en una reseña larga y llena de verborragia sobre todos sus logros, su propio conocimiento, sus propias teorías y opiniones. El monje lo escuchó en silencio por un tiempo, y luego le preguntó amablemente: "¿Gustaría un poco de té?". El profesor movió la cabeza afirmativamente, sonrió y continuó hablando. El monje le extendió una taza y comenzó a verter té de una gran tetera. El té llegó al borde de la taza, pero el monje continuó vertiendo más, mientras el profesor seguía hablando. Finalmente, el profesor se dio cuenta de lo que sucedía, se puso de pie de un salto y demandó: "¿Qué es lo que hace? ¿No ve que la taza está desbordando?". A lo que el monje replicó: "Esta taza es como su mente. No puede recibir nada nuevo porque ya está llena".

Estas son algunas frases que decía el Rey David: *"Oye la voz de mis ruegos"*, *"Señor, te necesito, te anhelo"*, *"Líbrame en tu justicia"*, *"Acude y líbrame"*, *"Clama por Ti mi alma"*.

Hablarle a Él de Él. Nuestra atención debe salir de nosotros e ir hacia Él. David le hablaba todo el día a Él. En los Salmos, habla con un tercer lenguaje.

3. EL LENGUAJE DE PODER

Háblale a Él con estos lenguajes y también con las frases que Él ponga en tu corazón. Deja que Él mismo te diga qué lenguaje declararle y permite que surjan nuevas frases. Hazlo de corazón, en todo momento. ¡Tu lenguaje se ampliará grandemente!

"Eres rey eternamente y para siempre", "Eres altísimo y temible", "Digno de suprema alabanza", "Tuyo es el brazo potente", "Asombrosas son tus obras", "Grande es tu Nombre".

Te pido que nombres lentamente, una por una en voz alta, cada expresión de amor, poniendo toda tu atención en Él. Permite que el amor salga en cada expresión. ¿Listo?

¿Cómo fue? ¿Puedes decir ahora alguna que te surja espontáneamente hacia Él?

_____

_____

_____

EXPERIENCIA 10

¿CÓMO QUIERES QUE NOS RELACIONEMOS HOY?

Hoy aprenderemos a preguntarle a Dios: "*Señor, ¿cómo quieres que nos relacionemos hoy?*". Espera unos segundos para ver lo que surge en tu corazón. Puede ser que percibas que aparece:

+ Cantar

+ Hacer un dibujo.

+ Danzar adorándolo.

+ Estar en silencio y disfrutar de Su Presencia.

+ Hacer una poesía.

+ Tomar un nombre de Él (Rey, Señor, Amado, Maestro, etc.), comenzar a orar y declarar esa frase en los temas que surjan en tu espíritu.

+ Leer La Biblia.

Recuerda: ¡en compañía de Jesús, los discípulos nunca tuvieron un momento aburrido! Un encuentro nuevo y fresco con el Dios vivo encenderá el deseo de tener más de Él. Esto te llevará a nuevos descubrimientos asombrosos en el lugar secreto.

Dile: *"Padre, muéstrame cómo quieres que te busque"*. Lo que surja, solo hazlo; déjate llevar; ¡disfruta de Él! No importa cuánto dure, solo hazlo.

¡La buena noticia es que siempre hay algo nuevo que Dios quiere mostrarte! ¿Preparado?

Cuanto más lo experimento, más deseo estar con Él.

Mi amigo, hacemos un alto aquí. Quiero que veas si a lo largo de todo este recorrido ha aumentado tu anhelo y deseo por Él.

Si es así, ¡muy bien! ¡Has tenido intimidad con Él!

Si esto no ha sucedido, vuelve al comienzo y pídele al Señor Su gracia para entregarte por completo.

Continúa buscando a Dios día a día y Él comenzará a abrirte Su corazón. Con el tiempo desarrollarás una relación profunda con Él que se convertirá en lo más preciado de tu vida.

EXPERIENCIA 11

DISFRÚTALO EN SILENCIO

Date un tiempo para "aquietar" la mente, quedándote en silencio delante de Él. Notarás que tu mente se calma. Pídele al Señor que te dé una palabra. Por ejemplo: *"Rey", "Amor", "Señor",* etc. Y, cuando esa palabra aparezca, repítela lentamente disfrutando de Él.

> *¡Esa palabra es una virtud de Cristo! Y el Espíritu Santo crecerá en tu vida al meditar y repetir en silencio esa característica de Él.*

En el silencio, hay miradas, abrazos y disfrute sin palabras.

Puedes poner un instrumental muy suave de adoración y quedarte en silencio, solo disfrutándolo a Él. Hazlo hasta que Él te diga "listo", y allí cántale una canción de cierre. Siempre empieza despacio, lentamente, quitando todas tus emociones.

Practícalo y luego lee lo que sigue…

¿Vamos?

¿Qué hacer con las emociones y pensamientos que nos invaden cuando lo buscamos?

Hay personas que tienen mucha distracción, dificultad de concentración, una mente que divaga, etc. He aquí algunas ideas prácticas:

a. Regresa a Cristo

Sigue adelante a pesar de los pensamientos que te invadan; vuelve a Cristo una y otra vez. No importa lo que venga a tu mente, déjalo a un lado y vuelve a fijar tus ojos en el Señor. No te desanimes cuando suceda una y otra vez. Solo vuelve a enfocar tu atención en Jesús. Sigue leyendo, cantando, etc., a pesar de que aparezcan ideas o emociones "de otros temas". Con el tiempo, verás que tu espíritu es más fuerte que tu mente.

Decía Santa Teresa: *"Deja que la loca siga corriendo por la casa, no te preocupes, solo regresa a Cristo".* La "loca" es la mente. No te desanimes si tu mente se sigue distrayendo y divagando. Con el tiempo, esta será cada vez menos susceptible a distraerse y mantener la concentración será cada vez más fácil. Lleva tu mente de regreso al Señor; eventualmente llegarás a ser consciente de Su paz divina.

a.   *Cuando venga alguna idea, anótala y sigue adelante.*

b.   *Lee, canta, ora, etc., en voz alta.*

c.   *Lleva al Altar para su muerte cada pensamiento y/o emoción que surja.*

Si la distracción se repite, ¡órala! Posiblemente debas orar por aquello que invade tu mente. Tus distracciones ocurren porque tu mente es "fuerte" y está acostumbrada a pensar en ti mismo. Pero, a medida que te enfoques en Cristo, perderás la capacidad de la introspección.

Enfócate siempre en una cosa; solo debes ¡mirarlo a Él! Cuanto más te entrenes, más fuerte será tu espíritu y más débil, tu alma. Tal vez preguntes: ¿Qué hacer si siento mucho cansancio o me duermo? Si eso ocurre cambia de posición física y lee, canta, ora, etc., de pie o caminando.

EXPERIENCIA 12

ESPERAR Y OÍR SU VOZ

Hoy, mi amigo, vamos a aprender lo siguiente: ¿Cómo es cuando Él me habla? ¿De qué manera lo hace? Él te hablará "de golpe", con pensamientos que aparecen espontáneamente; puede ser un nombre, una frase, un pasaje. Allí pregúntale: "Señor, ¿qué hago con esto? Él te dirá si debes orar u hacer otra cosa.

+ Su voz siempre da paz; nunca trae miedo, ira o ansiedad. Si un pensamiento no da paz, no es de Él.

+ Su voz es sencilla, simple.

LAS MANIFESTACIONES DE SU VOZ:

Dice el Salmo 71:14: *"Mas yo esperaré siempre, y te alabaré más y más"*.

Esperar no es algo que hacemos cuando ya agotamos todas las opciones: "Hice A, B y C; ahora solo me resta esperar en Él". Tampoco es algo de larga duración. Por lo general, cuando pensamos en esperar, nos imaginamos que Dios nos hablará en una semana o en un mes. La idea de "esperar" es estar atentos y, cuando lo empecemos a adorar, esperemos a que Él nos hable dándonos:

+ Una imagen de algo.

+ Un susurro (sea un nombre, una frase, etc.).

+ Una señal corporal (para que oremos por eso).

+ Otros.

Estemos atentos y, cuando suceda, no analicemos ni pensemos mucho.

¡Soltemos La Palabra y veremos la gloria de Dios!

A Su voz lo llamamos "carga", dado que la palabra que Dios pone en tu corazón tiene "un peso de gloria". El Salmo 71:17 (RVC) declara: *"Tú, mi Dios, me has enseñado desde mi juventud, y aún ahora sigo hablando de tus maravillas"*.

Cuando Dios imparte la carga, hay una necesidad imperiosa de soltarla, de hablar de ella. Cuando Él pone Su revelación o carga, el impacto en nuestro espíritu es tan bello y dulce que queremos seguir hablando de la Vida que nos fue añadida. Pablo dice que la señal de que somos llenos del Espíritu Santo es que "*hablamos con salmos, himnos y cánticos espirituales*" (ver Efesios 5:19).

Y el Salmo 119:16 dice: "*Me regocijaré en tus estatutos. No me olvidaré de tus palabras*".

Ahora, al terminar de leer-orar este trabajo, observa qué palabras saldrán de tu boca en los próximos minutos. Observa:

+ Al terminar de leer La Palabra, de qué hablas.

+ Al terminar el equipo, de qué hablas.

+ Al salir de una reunión, de qué hablas.

+ Al salir de tu tiempo de intimidad con Él, de qué hablas.

Una de las maneras de proteger la unción es no salirse rápido de Su Presencia. Al terminar una actividad de intimidad, mantente en ella disfrutando y hablando de Él un tiempo más.

EXPERIENCIA 13

CÓMO LEER EN AGUAS PROFUNDAS

Todo cambia cuando entramos en aguas profundas, incluso el leer. He aquí algunas ideas de lo revelado para este tiempo:

1. LEE MUY LENTO Y DESPACIO

Antes, uno leía un artículo o un libro, pasando las hojas y el lápiz rápidamente. Esto no sucede en lecturas de vida interior. Por eso, lee poco y lento, subráyalo, medítalo.

2. LEE TODO LO QUE APORTE VIDA DE CRISTO

Lo que leemos ahora se reduce a biografías, lecturas muy específicas de gente que se mueve en el río de la intimidad. Por ejemplo:

Guyon, Fenelon, Nee, Murray, etc. Y a medida que los leemos, absorbemos la vida de Él que sale de cada revelación escrita. Lo mismo sucede con lo que oímos en cuanto a prédicas; toda nuestra vida se dirige solo en una dirección (un río): lo que exprese Vida de Cristo. Nos paramos sobre los hombros de gente que vivió y pasó años en Él y, de allí, avanzamos.

3. LEEMOS Y LUEGO, AL TIEMPO, LO VOLVEMOS A LEER

Los materiales de vida profunda deben ser leídos y releídos una y otra vez; a medida que pasa el tiempo, se harán más claros y diremos: *"Esto nunca lo había leído"*; o también *"Ah... ahora sí lo capturé"*.

4. EL LEER VA ACOMPAÑADO DE ORACIÓN Y EXPERIENCIA

No leemos para "preparar un mensaje", o para "decir una frase linda", sino que oramos: *"Señor, dame una experiencia Contigo"*; lo vivimos primero nosotros y lo disfrutamos. El Espíritu Santo lo forja en nosotros y sale luego como carga para edificar a todos. Así leemos La Palabra, los ejercicios, los libros de experiencias que estamos utilizando, etc. No recomendamos libros, sino que experimentamos la vida de Cristo en cada lectura y luego la impartimos a los demás. Siempre que terminamos de leer, ya sea La Palabra, una frase o un texto, vemos que Cristo creció en mí.

Señor, enséñanos, háblanos, fórjate cada día más en nosotros. Amén.

P.D.: ¿Podrías volver a leer todo esto más lentamente y con oración?

EXPERIENCIA 14

*DEJAR LO MALO DE MÍ EN EL ALTAR
PARA SU MUERTE*

La Cruz de Cristo es poderosa, pues en ella Jesús clavó el pecado y le dio fin a todo lo caído. ¡Esa Cruz está viva! Podemos ir allí y dejar todo aquello de nuestra naturaleza caída. Nuestra vieja naturaleza o vida humana quiere gobernarnos, accionar, opinar, guiarnos; pero Cristo, la Vida divina que está en nosotros, es Quien quiere hacer todas estas cosas. Para que ello suceda, una de las dos voluntades debe anularse: la de Él o la nuestra. Es decir, que no se haga mi voluntad sino la Suya, lo cual significa rendirnos por completo a Él y entregarle nuestra vida en la Cruz.

Mediante la oración, entrego mi vieja forma de actuar en la Cruz de Cristo para su muerte, a fin de que ya no opere en mí. Consiste en permitir que el Espíritu Santo nos diga qué debemos llevar a la Cruz y dejar allí. Esto no se trata de introspección, sino de lo que Él nos diga.

Le dices: *"Señor, ¿qué quieres que te entregue en el Altar?*

¿Qué cosa mía quieres que deje allí en la Cruz para su muerte?". Y esperas en silencio...

La voz dulce de Él te dirá: Tu miedo, tu ansiedad, tu dolor. Tal vez aparezca un recuerdo, una idea, una frase, una emoción... no importa. A medida que aparezca en tu mente, dile:

> *"Señor, te dejo esto (nómbralo);*
>
> *lo dejo en la Cruz para su muerte; quiero morir por completo. Te pido que me muestres a qué más debo morir. Pon ahora delante de mí imágenes, pensamientos, recuerdos, que todavía debo llevar a la Cruz ...."*

(*nombra en voz alta lo que venga a tu corazón*).

Eso que le damos a Él es sin esfuerzo, sin luchar. ¡Solo lo rendimos! ¡Lo entregamos, lo soltamos en el Altar que quema todo lo nuestro! Disfruta del Altar. Permite que el Espíritu te muestre algunas de estas características de la vida de Adán, cuando aparezcan:

- Dudas
- Culpa
- Ansiedad

- Baja estima
- Desorden
- Impuntualidad

- Soledad
- Superficialidad
- Bajón
- Caprichos
- Histeria
- Miedo
- Cobardía
- Desprolijidad
- Chisme
- Rebeldía
- Complacencia

- "Opinología"
- Ingratitud
- Celos
- Pasividad
- Abusos
- Discusiones
- Mediocridad
- Egoísmo
- Narcisismo
- Individualismo
- Otros

Cada día lleva allí tus pecados, rasgos del carácter, luchas, aspectos finos (comentarios e ideas que aparecen y son superficiales, esas "pequeñas zorras" que el Espíritu Santo nos muestra). "Eso que dijiste estuvo demás", "lo que hiciste fue para quedar bien", "ese comentario sobre una persona estuvo demás", etc. Es así que, luego de llevar a la Cruz, Adán es debilitado, quebrado, aniquilado, muerto. Y la vida de Cristo, abundante, viva y fresca, se expresa en nuestro vivir. ¡Qué bueno es dejarlos en la Cruz sin esfuerzo! Entrégale cosa por cosa y dile: "Señor, lo dejo en la Cruz para su muerte". Hazlo rápidamente, ni bien aparezca. No pases tiempo analizando o meditando. Por ejemplo, cuando sientas baja estima, directamente dile: "Señor, dejo en la Cruz para su muerte esta baja estima".

Entonces, esta es la oración, ¿practicamos?

> *"Señor, gracias por el poder de tu Cruz. Pido ahora que me muestres qué cosas debo entregarte .... (nómbralas). Las entrego en la Cruz para su muerte y declaro que ahora el poder de la resurrección está en mí; continúo transformado y camino en victoria, en el nombre de Jesús, amén".*

Te animo, a lo largo de estos días, a estar permanentemente llevando a la Cruz y viviendo el poder de la resurrección.

¡Tu vida nunca más será la misma!

EXPERIENCIA 15

LA CRUZ TEMÁTICA

Sabemos que Él nos dijo que llevemos a la Cruz cada día (ver Lucas 9:23) "para que así demos fruto y Él pueda expresarse" (Juan 12:24). El Espíritu nos muestra qué cosas deben ser llevadas a la Cruz y ser entregadas allí para su muerte. Es decir, la Cruz viene con luz para mostrarnos y, a su vez, la luz siempre trae la Cruz para que el poder de la Vida de Cristo se manifieste. Las áreas pueden ser: trabajo, familia, estudio, salud, hijos, ministerio, etc. Durante diez minutos, aproximadamente, llevemos a la Cruz todo lo que el Espíritu nos diga, pero con respecto a un tema o área específicos. Por ejemplo, la familia. Allí, oremos y comencemos a entregar cosa por cosa. Luego de las primeras que salen rápido y son visibles, el Espíritu comenzará a mostrar más y más aspectos de nuestra vieja naturaleza que estaban "ocultos" y conductas específicas para dejarlas. Al vivir esta Cruz "temática", sucederá que luego de ese tiempo (diez minutos o más, según lo que muestre el Señor), experimentaremos un aumento de Vida en esa área. Juan 15 nos dice que tendremos mucho fruto y que permanecerá. Comienza por una sola área de tu vida; puede ser aquella donde menos fruto hay. Haz la experiencia y luego compártela. Pídele al Espíritu Santo que te muestre cada día qué cosas llevar a la Cruz y, cuando te indique, ¡hazlo rápido! Y como lo hizo Pablo, "de buena gana", sabiendo que Él está forjando a Cristo en nosotros. Déjalo en el Altar y, al terminar, ve a Él. Comienza a orarle, a disfrutarlo, a contemplarlo. ¡Él crecerá!

EXPERIENCIA 16

*RECUERDO TU AMOR Y ME DEJO
AMAR POR TI*

El amor humano no es nada comparado al de Dios. Nuestro amor humano es caído, variable (un día amamos y otro no), gradual (a veces amamos más, y a veces, menos); pero el amor de Dios es inefable, inalterable, infinito, sin límites. ¡Es un océano de amor! Es profundidad sin bordes, sin fin. Imagínate una botella de agua en un océano sin fin. El amor humano es una simple botellita. Es tan glorioso Su amor, que Pablo dijo que "supera todo conocimiento"; es decir, que solo una experiencia con Él podrá darte algo de Su gloria amorosa.

El amor es una persona: Cristo. El amor es disfrutar de esa experiencia con Él. El amor de Dios es como un océano. Puedes ver su comienzo, pero no su final. El amor de Dios es tan extravagante y tan inexplicable que Él nos amó antes de que nosotros fuéramos. Muchas veces, nuestra conciencia (alma) nos habla de "conductas" buenas y malas; nos acusa; nos habla diciéndonos que no merecemos Su amor, que no calificamos, etc. Entonces uno siente que necesita hacer algo para obtener Su aprobación, para estar con Él. Y creemos que Él está enojado porque no hemos pasado tiempo con Él. ¡Lleva todo eso al Altar!

> "No hay nada que podamos hacer para que Dios nos
> ame más. No hay nada que podamos hacer para que
> Dios nos ame menos".
> —Philip Yancey

El amor de Dios no es un amor de mimos, sino un amor que perfecciona. Si el amor humano es cuidar, dar, proteger, etc., imagínate eso sin límites en Él. Porque nosotros "tenemos" amor, pero Él "es" Amor. Sin medida. Su amor es un río de delicias del cual disponemos para beber y disfrutar.

Pídele al Señor que te recuerde una circunstancia en tu pasado donde viste claramente Su amor... Recuerda esa escena que el Espíritu ahora trae a tu vida y observa cómo te amó, te cuidó, qué te dijo, qué hizo en esa circunstancia.

¡Disfrútalo!

Permítete experimentar ese amor otra vez... Tómate tiempo; hazlo lentamente. Nada en ese océano otra vez porque ¡ese amor no ha cambiado! Si vienen varios recuerdos, permítelo y solo búscalo a Él. Observa qué hizo, qué dijo, y deja que Él forje todo tu ser. Dile: *"Señor, me dejo amar por Ti"*, y solo permite que Él te abrace con Su gracia.

Dijo el Hermano Lorenzo: *"No hay en el mundo una clase de vida más dulce y deliciosa que la de una conversación continua con Dios; solo pueden comprenderlo quienes lo practican y experimentan"*.

Él me amó primero. Él me dio Su amor para que, con ese amor, lo ame a Él, a otros y a mí mismo. Permítete ser amado por Él. No te impongas amar a nadie, solo déjate amar por Él, y ese amor saldrá espontáneamente de tu vida hacia otros.

Te pido que leas lentamente Isaías 43 (NVI):

> V.1: *"Te he llamado por tu nombre; tú eres mío"*. V.2: *"Cuando cruces las aguas, yo estaré contigo"*. V.4: *"Eres precioso a mis ojos y digno de honra"*.

Ahora permítete verlo en visión a Él diciéndote: *"Tú eres mío"*; míralo a Él... ¿Qué siente Él cuándo te dice eso?

¿Cuál es Su tono al hablar? ¿De qué manera se expresa? Solo míralo a Él.

Observa Su compañía; cómo está "a tu lado"; cuál es Su posición; cómo está Él; cuál es Su emoción al estar contigo. Luego, mira Sus ojos... ¿Cómo es Él cuando te mira?

¿Qué siente Él al mirarte? ¿Cómo es esa mirada de amor hacia ti diciéndote que eres precioso y digno?

¿Listo? Disfrútalo a Él y solo obsérvalo a Él.

No busques ser amado por otros, permite que Él te ame. Dile: *"Señor, me dejo amar por Ti"*.

Un pastor estaba en su oficina preparando un sermón sobre el tema del amor de Dios. Tenía muchas interrupciones de llamadas telefónicas, individuos que tocaban la puerta, etc. Entonces, le dijo a su secretaria que ya no le pasara ninguna llamada hasta no haber terminado de preparar su sermón. Al rato, su hija pequeña persistió en tocar la puerta, queriendo entrar. Por fin, el pastor abrió la puerta para decir que no podía atender a nadie en esos momentos. Pero su niña entró y se le sentó en las piernas. "¿A qué has venido, hijita? ¿No ves que estoy muy ocupado?". "Vine solo para decirte que te amo mucho, papá", respondió la niña. Le dio un beso y se fue. De modo que el pastor pensó que el mejor sermón era pedirle a su congregación, al siguiente domingo, que todos le dijeran a Dios: *"Señor, te amo"*. Y terminó el sermón.

EXPERIENCIA 17

ME DEJO AMAR POR TI

Su amor es eterno y lo recibimos por medio de una experiencia personal, disfrutando a Cristo. Practica lo siguiente un ítem por vez, o como Dios te guíe:

1. LAS PALABRAS DE ÉL

Estas, a continuación, son algunas palabras de Él a tu vida. Al leerlas lentamente, míralo al Señor para ver cómo te las dice, qué siente Él al decírtelas, y permite que Su amor te envuelva:

"Eres amado; no hay defecto en ti". "Cautivaste mi corazón". "Mío eres tú".

2. TIEMPO DE CALIDAD

Pídele al Espíritu Santo que te recuerde alguna situación o actividad donde viste que Él estuvo a tu lado. Por ejemplo, en una cena, una caminata, una tarea, etc. Y al recordarlo, mira y disfruta de cómo Él estuvo contigo. ¡Déjate amar por Él!

3. REGALOS

Pídele al Espíritu Santo que te recuerde algún regalo que te dieron, y que por medio del cual viste el amor de Dios en ese gesto. Míralo a Él y disfruta de Su amor.

4. ACTOS DE SERVICIO

Pídele al Espíritu Santo que te recuerde algún servicio que alguien hizo por ti. Por ejemplo, un trámite, una ayuda, etc., donde viste allí el amor de Él. Al recordarlo, pon tu atención en Él y vuelve a disfrutar de ese amor eterno.

5. TOQUE FÍSICO

Pídele al Espíritu Santo que te recuerde algún momento donde experimentaste Su abrazo, Su caricia, Su toque.

¡Vuelve a vivirlo y disfruta a Cristo!

Comparte con alguien lo vivido para que Su amor
ahora se exprese a través de ti.

ACERCA DEL AUTOR

Bernardo Stamateas es pastor hace treinta y cinco años en el Ministerio Presencia de Dios, una iglesia que nuclea a más de setenta y seis países a lo largo de todo el mundo. Es un destacado escritor y conferencista a nivel nacional e internacional. Ha escrito más de cien libros, varios de los cuales se convirtieron rápidamente en éxitos de ventas, y aun hoy lo siguen siendo. Sus obras han sido traducidas a más de veintidós idiomas y son leídas por todos los sectores de la sociedad.

Ha recorrido todo el territorio argentino brindando asesoramiento y capacitación, como así también cientos de charlas abiertas al público en general en las ciudades más importantes del país. Su nombre es referencia obligada a la hora de hablar de liderazgo y superación personal.

Es Licenciado en Teología, título otorgado por el Seminario Internacional Teológico Bautista; Sexólogo clínico, formado en el Hospital de Clínicas; Doctor en Psicología, título expedido por la USAL; y candidato próximo al doctorado en Filosofía.

Asimismo, se desempeña como terapeuta familiar y de pareja. Está casado con Alejandra y tienen dos hijas: Dámaris y Stefanía.